禅都 物语

——京都历史建筑图说

■ 徐慧宁 著

中国海洋大学出版社

·青岛·

图书在版编目（ＣＩＰ）数据

禅都物语：京都历史建筑图说/徐慧宁著.－－青岛：中国海洋大学出版社，2019.2
ISBN 978-7-5670-2021-4

Ⅰ.①禅… Ⅱ.①徐… Ⅲ.①古建筑—介绍—京都 Ⅳ.①K931.37

中国版本图书馆 CIP 数据核字 (2018) 第 240843 号

禅都物语：京都历史建筑图说

出 版 人　杨立敏	
出版发行　中国海洋大学出版社有限公司	
社　　址　青岛市香港东路 23 号	邮政编码　266071
网　　址　http://pub.ouc.edu.cn	
责任编辑　张跃飞	电　　话　0532-85901984
电子邮箱　flyleap@126.com	
图片统筹　河北优盛文化传播有限公司	
装帧设计　河北优盛文化传播有限公司	
印　　制　定州启航印刷有限公司	
版　　次　2019 年 6 月第 1 版	
印　　次　2019 年 6 月第 1 次印刷	
成品尺寸　170mm×240mm	印　张　11
字　　数　190 千	印　数　1~1000
书　　号　ISBN 978-7-5670-2021-4	定　价　49.00 元
订购电话　0532-82032573（传真）　18133833353	

发现印刷质量问题，请致电18133833353进行调换。

作为亚洲最受欢迎的旅游城市之一，京都有着悠久的历史，城市文化氛围浓厚。京都十分注重保护传统文化，居民也保留着传统的文化习俗，以传统文化守护者的姿态，坚守在属于他们的历史节点上。市内有佛寺 1 500 多座、神社 2 000 多座，可谓"三步一寺，五步一庙"，是日本文化艺术的摇篮、佛教的中心，也是日本人的心灵故乡。游览京都是一场盛大的文化之旅，它的丰厚直击人心，热爱传统文化的人一定不会错过这里。

京都人对于季节有着非常细腻的感触。所谓季节感，不仅指对春、夏、秋、冬四季循序推移的感受，而且是对在京都特有的文化土壤上酝酿而成的人与自然、人与人的感情与季节风物的交融，是一幅幅森林、丘陵与山岳交相辉映的景色，且随着四季的变化——春樱花、夏深绿、秋红叶、冬白雪，表现出绚丽多彩的景观。京都人对于自然有着强烈的意识和感受，他们对自然的感觉十分敏锐，热情地赞美自然、歌颂自然、热爱自然。平原山川的美丽、气候的细微变化都会引起他们的注意，引发他们发自内心的喜悦之情。

京都建筑的理念在于将建筑视为自然景色不可分割的一部分。建筑利用水平的线条和朴素的材料——木材、纸、茅草和稻草等，尽量与自然相融合，以达到和谐共处。

京都是日本历史建筑的博物馆。1 200 多年的历史孕育起来的这座古都，保存着浓浓的古风古韵。京都城市道路呈棋盘状，贯穿南北的朱雀大道将城市分为左京和右京。古寺名刹、著名庭园如同星星一般散布在京都的土地上，许多古建筑都是世界文化遗产。龙安寺的枯山水庭园独具玄机，桂离宫的日本式大庭园整洁幽静，华美的金阁寺是京都的象征，大觉寺的大泽池又融和了中国古代庭园建筑的风格。日本式的古建筑既是京都的精髓，也是京都的魅力所在。虽说日本的建筑强烈地受到中国建筑的影响，但日式建筑屋顶向上弯曲的弧度小，屋檐长，曲线和直线形成对比，这些都显示出日本文化的特点。

每个人对京都都有自己的感觉，有可能是完全不同的感受。毫不夸张地说，京都是一个有意思的城市，是一个让人来了就不想走、走了还想再来的都市。

本书以清晰的图解说明，介绍了京都的历史、城市布局、历史建筑风格以及具有代表性的寺庙建筑、宫殿建筑、神社建筑、公共建筑等内容。

本书对建筑爱好者和旅游爱好者了解京都和京都历史建筑具有参考价值，也是读者开启京都历史文化之门的一把钥匙。

本书由徐慧宁主笔，在写作过程得到多位老师和同事的热情帮助，如贾丽雪、贾娜、李阳、高丽欣、温丽霞、赵月、赵梦桃、田浩月、梁雪连、王强等人，在此一并致谢。

由于水平有限，书中难免存在不妥之处，敬请读者批评指正。

作　者
2018 年 3 月

| 目 录 |

序篇

春，曙为最。逐渐转白的山顶，开始稍露光明，泛紫的细云轻飘其上。

夏则夜。有月的时候自不待言，无月的暗夜，也有群萤交飞。若是下场雨什么的，那就更有情味了。

秋则黄昏。夕日照耀，近映山际，乌鸦返巢，三只、四只、两只地飞过，平添感伤。又有时见雁影小小，列队飞过远空，尤饶风情。而况，日入以后，尚有风声虫鸣。

冬则晨朝。降雪时不消说，有时霜色皑皑，即使无雪亦无霜，寒气凛冽，连忙生一盆火，搬运炭火跑过走廊，也挺合时宜；只可惜晌午时分，火盆里头炭木渐蒙白灰，便无甚可赏了。

——清少纳言

"随风潜入夜"的历史长河

一、京都史略

京都盆地自旧石器时代开始就已经有人类活动。在绳文时代（前12000年—前300年），位于现今京都市东北部的北白川地区和山科盆地的丘陵地区已经有集落出现。到了弥生时代，平原地区也开始有集落出现。进入5世纪后，渡来人（海外移民）贵族秦氏开始在京都居住，在京都盆地兴修水利，此为京都地区大规模开发之始。

奈良时代（710—794年）末期，桓武天皇为了摆脱奈良佛教寺院势力的影响，于784年将首都从平城京（今奈良市）迁移到长冈京（今长冈京市）。然而，仅过了不到10年，桓武天皇在和气清麻吕的建议下，于794年将首都又迁到位于山城的平安京（今京都市），自

➜ 日本奈良时期的古建筑

此开启了平安时代（794—1192年），也开始了京都作为日本首都的历史。平安京的选址效仿中国的长安和洛阳，是一座传统的市坊制都市。平安京南北长约5.2千米，东西长约4.5千米。天皇居住的大内里位于平安京的正北，以朱雀大路为中心，城市分为右京（又称"长安"）和左京（又称"洛阳"）两个对称的部分。平安京堪称一座规模宏大且规划严谨的东亚传统型的城市。

总的来说，奈良时期之于日本，是一个欣欣向荣的时代，但也难有连续七八十年的海晏河清。在天平年间（729—749年），圣武天皇就曾遇到过左大臣长屋王和皇后内侄藤原广嗣的谋反以及迭起的天灾、饥荒和瘟疫。这位对于弘扬佛教立有殊勋、缔造了号称"天平文化顶峰"的能干天皇，辗转奔命于恭仁京、紫香乐京、难波京和平城京之间，以图消灾弭祸。

恭仁京在今京都府相乐郡，位于木津川流域的小盆地内，帝宫的正式名称叫大养德恭仁大宫。紫香乐京又称信乐宫，在滋贺县滋贺郡信乐町。难波京则在大阪城南，近年的发掘发现了当时的大极殿遗址，在大阪城南的东区法圆坂町。这几处帝京，虽然也被冠以"京"字，但准确地说，它们是天皇的离宫而已，没有资格列为"都城"。

然而，这一时期天皇的压力是来自固定的两个方面。其一是寺院。奈良时期的天皇和皇族大都皈依佛教，成为至少是形式上的佛门弟子。另一是藤原氏家族。藤原氏家族早在大化革新之前，已经世袭摄政关白（宰辅）之职，且累世与天皇攀亲，常以长辈身份凌驾于天皇之上。这一师一亲，是罩在天皇头上的两道紧箍。

44岁即位的桓武天皇主要出于摆脱寺院势力、刷新律令和争取民心的目的，决定脱离旧都。实权人物藤原小黑麻吕和藤原种继为了削弱敌对派别和寺院的影响力，极力促成迁都之举。

新京的选址煞费了一番苦心。选中葛野盆地（今京都盆地）的理由是依循中国人所创的"四神相应"原则，即要东有河、西有路、南有池、北有山。据说，最要紧的是京城北边必须有山，以为天子的依靠。京都地势北高南低，很符合这个原则，而且正在中轴线的北端点上有一座船冈山。山不甚高，却极富象征意义，上有巨石作为"磐座"

（神石）。由船冈山向南引出的射线，便成为新京的中轴线，就是后来的朱雀大路。

在新京营建中，原来已在葛野盆地经营农耕的渡来氏族，犹其是秦氏一族起了很大作用。秦氏可能是中国或朝鲜半岛移民，分布于今京都盆地西部岚山至太秦一带。他们曾在葛野盆地的主要河流桂川上修筑大堰，因而桂川又名大堰川。他们也是日本最早的佛教信徒，在圣德太子去世后，曾修建秦寺（又名秦公寺，即今广隆寺）来祭祀他。为此，推古天皇赐予秦氏一尊由新罗国（前57年—935年）携来的弥勒菩萨半跏坐像。此像至今仍保存于京都西郭广隆寺中，被定为日本第一号国宝文物。

最终在794年十月，天皇迁入新都。

平安京的营建持续了10年以上。到805年二月，战事才被终止。翌年三月，桓武天皇去世，死前诏令凡因藤原种继暗杀事件被流放的囚徒一律放回。也许天皇直到寿终正寝之时才得到了真正的平安。

然而，平安京实际的开发情况和计划相比可谓大相径庭。平安京的市区范围虽然十分广大，但人口却只有大约15万人，因此城内并未得到充分开发，并且有大片农田，甚至大内里也在经过多次火灾之后不再重建。特别是右京地区，因为地形原因，开发进度十分缓慢。左京因此成为京都主要发展的地区，"洛阳"也成为京都的代称。在平安时代中期以后，

↑ 收藏在广隆寺中的弥勒菩萨半跏坐像，被定为日本第一号国宝文物

贵族的住宅大多集中在左京北部，并且开始跨过鸭川向平安京以外的范围延伸。在 11 世纪后期，上皇（退位的天皇）在白河、鸟羽等地修建离宫并掌控朝政，这一时期因此被称为院政时期，而离宫的修建也使京都市区向平安京以外地区发展的趋势更加明显。

京都自桓武天皇时期从长冈京迁到平安京以后开始发展。784 年，为了摆脱南都奈良一带寺院势力的影响，长冈京的建设者藤原种继遭到反对势力的暗杀。京都也是天智系为了摆脱天武系而建设起来的都城。平安京是按照中国隋唐时代的京都格局设计出来的城市，它四周被山所围，东临鸭川，西有桂川逶迤向南流过，内部模仿长安设计成长方形。现在的千本路相当于当时的朱雀大路，京城正北是船冈山。

→ 平安京是一座仿中国洛阳兴建的都市

随着平安律令逐渐式微，京都变成以鸭川和大内里御所为中心的都市，在经济上有所发展。在镰仓时代（1185—1333 年），因为政权移到了镰仓，相对的政治城市的色彩减弱，因此京都逐渐变为经济城市。在室町时代（1336—1573 年）因为室町幕府位于京都，其作为政治都市的一面又有复活倾向，为了经济发展，形成了由被称为"町众"的有力市民自治的传统。

作为日本战国时代的开端的"应仁之乱"，使京都几乎被烧尽。此后，京都被卷入战乱中，一时衰弱下来。这时候的京都，分为上京和下京。在这之后，在织田信长和丰臣秀吉的保护以及"町众"的

禅都物语——京都历史建筑图说

↑ 织田信长

↑ 丰臣秀吉

支持下，京都又逐渐复兴。特别是丰臣秀吉，对都城进行了大规模的改造，对散落在各处的寺院进行建设。现在，在京都的都市构造中还能看到当时的痕迹。

10世纪后，平安时代的律令制（基本政治制度）名存实亡，并致贵族阶级在平安时代后期走向没落。而武士阶级开始兴起，逐渐走上历史舞台。

12世纪中期，日本历史上首个武家政权——平氏政权诞生。但是，平氏政权在20多年后被源氏取代。1192年，源赖朝把幕府建在了镰仓。虽然日本政治中心移至镰仓，但京都仍然是最大的都市和天皇的居住地。

1336年，室町幕府成立后，日本进入室町时代，京都再次成为日本政治中心。此时，京都的都市空间发生了巨大的变化。市区按南北分为上京和下京两个部分，东西方向的两条大路取代朱雀大路成为京都最重要的街道。上京集中了包括天皇的居所里内里等众多贵族宅邸，下京是京都主要的工商业区域。室町时代迎来了北山文化和东山文化两大传统文化的勃兴。京都的寺院数在这一时期大幅增加，其中最为著名的就是金阁寺和银阁寺。

1467—1477年，京都是"应仁之乱"的主战场，市区几乎被毁。之后，京都在市民的努力下开始逐渐复兴。贵族势力聚挤的上京和市民势力聚挤的下京区隔更加明显，两者均有城墙包围且中间只有室町小路一条道路连接。之后，产业得到发展由工商业者组成的"町众"阶级日益兴起，他们在都市运营方面发挥了重要的作用，也使此时的京都成为自由度较高的自治城市。京都因其政治地位，在这一时期也成为多个重要历史事件的舞台。1568年，织田信长的军队进入京都。5年后，信长又烧毁反抗势力强大的上京，其势力之强盛到达顶点。然而在1582年，在京都爆发了本能寺之变，织田信长被迫自杀。

在织田信长之后，丰臣秀吉统一了日本。他对京都进行了大规模的改造，修建聚乐第，将其作为统治京都的据点，并且在聚乐第附近修建武家屋敷供大名（领主）居住；修建内里，并强制贵族居住在其附近；将京都市内的寺庙集中搬迁至鸭川西岸的寺町，并且将在日本全国都有强大影响力的本愿寺自大阪迁至京都，加强对佛教势力的控制；在京都市中心修建南北向的道路，使京都市内的街区由正方形变为长方形，改变了京都的都市格局；建设御土居，以此作为洛中和洛外的分界线。丰臣秀吉的大规模改造使京都由两个分裂的部分重新统合为一个整体的城市，城市空间的格局也从中世级都市转变为近世城下町。

17世纪后，德川家康取代丰臣家，成为日本的统治者。德川家康将幕府设在江户，京都仍然是日本的国都所在地。德川家康虽然新建了二条城并将其作为京都新的都市核心，但是而京都整体的都市空间仍然维持着丰臣秀吉时期的格局。1788年，京都市内发生"天明大火"。这是京都史上最大的一次火灾，市区几乎完全被毁。之后，京都很快实现复兴。京都是当时日本全国的商业物流中心之一，众多豪商巨贾聚集于此。京都也是当时日本最重要的宗教文化都市，京都的文化人在神道、佛教、儒学、兰学（西方科学技术）等学术领域建树颇丰。江户时代的京都、大阪和江户并称为"三都"，是代表日本的大都市。

17世纪，日本的政治中心转移到江户（今东京），京都人口超过50万，成为继江户、大阪之后的日本第三大经济都市。明治维新以后，设立京都府，将以前的京都分为上京区和下京区。1889年，上京区和下京区合并为京都府管辖下的京都市。

↑ 德川家康

17 世纪末，西阵地区成了世界知名的纺织业地区，可是也没有得到长久的发展。18~19 世纪，宝永（1704—1711 年）、天明（1781—1789 年）、元治（1864—1865 年）的三场大火，使京都损失惨重。之后，人们积极地进行恢复性建设，"元治大火"的灾后恢复一直进行到了明治时期（1868—1912 年）。

在江户时代被夺走首都地位的京都，在明治初年的一段时间里恢复了首都地位。但因为政治原因，首都被再次迁回东京。京都市民的抗议游行也没能阻止天皇迁移的脚步。过去的皇室贵族和有能力的市民也陆续迁离。京都陷入危机，失去了往日繁华景象。但是，京都人以一种永不妥协的精神，对火灾后的废墟进行全力以赴的再建设，在四方非难之中，仍然大胆改革，为输送能源、确保水资，对琵琶湖进行水利建设；对西阵纺织业实行技术革新，新建工厂等，扎扎实实向前迈进。

德川幕府统治的时期，京都再次成为历史舞台的焦点。1864 年，幕府军队和倒幕势力在京都市内发生激烈战斗，称为"禁门之变"。京都市内大片街区被焚毁。这也使京都市中心现存的建筑多为幕府统治之后修建的建筑物。1867 年，京都郊外发生"鸟羽伏见之战"，倒幕军取得胜利，是决定"戊辰战争"局势的关键战役。1868 年，日

↑ 充满江户风情的建筑

↑ 京都市电是日本最早的有轨电车，1895 年投入运营，至 1978 年 9 月 30 日才被废除（图片摄于 1978 年）

本的首都从京都迁移至东京，除了皇室及公家之外，大量商人也从京都迁居东京，京都面临巨大的危机。京都市政界和商界采取了大量措施试图挽回危机，其主要内容包括：实施学区制；创建京都帝国大学，使京都成为西日本高等教育和研究的中心；兴建琵琶湖疏水作为水运路线，并进行水力发电；铺设日本最早的有轨电车京都市电；举办第四届劝业博览会并修建平安神宫。之后，京都又在大正时期完成了三大事业：第二琵琶湖疏水、铺设上下水道、扩宽道路及铺设有轨电车。这些措施使京都跨过了危机，开始转变为现代化都市。1921年，京都实施了其首个都市计划事业，开始进入现代城市规划时代。

　　在第二次世界大战时期，京都市是日本城市中较少遭到美军空袭轰炸的都市，因此京都市成为日本少数仍然拥有丰富的战前建筑的城市之一。为了降低空袭造成的损害，堀川通、御池通、五条通沿线的建筑被强制拆除，却也提供了之后拓宽道路的空间。然而，正因为旧市区保存较好，导致市中心很难修建新的道路和公园，使京都市中心

↑ 琵琶湖疏水

地区的道路面积率和公园面积率极低，并且都市更新也进展较慢。战后，京都的开发主要依照 1950 年制定的《京都国际文化观光都市建设法》进行，在郊外地区修建新市镇以解决住宅问题，并且将京都车站以北规划为保存地区，以南规划为开发地区。1956 年 9 月 1 日，京都市成为政令指定都市。政令指定都市是日本的一种行政区制，当一个都市人口超过 100 万人的都市，并且在经济和工业运作上具有高度重要性时，该都市将因此被认定为日本的"主要都市"。政令指定都市享有一定程度的自治权，但原则上仍隶属于上级道、府、县的管辖。1964 年 10 月，东海道新干线开始通车，极大地促进了京都观光产业的发展。1978 年，地铁成为京都市内重要的交通方式。这些事件都象征着战后京都都市空间的巨大变化。1994 年，京都的多处古迹被列入世界文化遗产。京都已成为日本最具代表性的观光都市和文化都市。

现代京都在第二次世界大战中得到幸存，在多方面得到了发展，产生了世界知名的学术机构、先端产业，也成为著名文化遗产胜地。但是，京都人并不以此自满，而是与时代一同迈进发展。如果没有这些精神，1 200 多年的大都市可能在历史的大火中永远地消逝了。

目前京都的建筑物、雕刻、绘画、庭院等古文物中被定为国宝的有 244 件，被定为重要文物的达 1 679 件。京都著名的佛寺有平安神宫、本愿寺（分东、西两座）、广隆寺、金阁寺、银阁寺、万福寺、西芳寺、南禅寺、相国寺、龙安寺、寂光寺、清水寺、妙心寺、三十三间堂、三千院、八阪神社、下鸭神社等。这些著名佛寺，建筑古老，珍藏经典，文物丰富，加之庭院相映，兼具宗教和旅游的双重作用。市区其他名胜古迹还有旧皇宫、二条城、京都塔、桂离宫、明治天皇陵、修学院离宫、祇园、龟山、岚山等。京都的祭祀活动十分频繁，其中以每年 5 月的葵祀、7 月的祇园祀和 10 月的时代祀规模最大，场面热闹，被称为"京都三大祭"。祭祀活动按古典程序进行，异常隆重，参加者身着平安时代的服装。市郊还有许多风景优美的旅游胜地，如观赏樱花、枫叶的好去处岚山；龟山公园终年苍松翠柏，每到秋季，还点缀着丛丛红叶，分外娇艳；琵琶湖湖岸蜿蜒曲折，北宽南狭，形似琵琶，富于神秘色彩。京都每年接待游客和各种国际学术会议参加者达 1 500 万人。

现在的京都市已经将周边的村庄合并，因此严格地说，从前京都

↑ 京都全景图

↑ 相国寺

的范围仅是现在京都市内的一部分，和现在的京都府、京都市都有所不同，但京都这个称呼一般就是指京都市。

二、京都历史分期

794 年，桓武天皇把都城由长冈京迁到平安京，从此开启了京都 1 075 年的建都史，孕育出灿烂辉煌的京都文化，这在全世界古都城市中也是屈指可数的，连我国六大古都之首的西安也有所不及。西安的历代累计建都史虽不止千年，但时断时续，且故都旧址有很大变迁，不若京都一以贯之。

灿烂的京都文化是日本传统文化的博物馆，也堪称东方传统文化的博物馆，有很多来自中国、朝鲜、印度等国的文化要素，在京都文化中仍然一定程度地保留着，而在它们的母国，可能反而已经失传了。

而随着京都自身的起落兴衰，特别是历史上重要的几次灾变与重建，京都文化往往会发生新的质变。

京都是日本与域外文化交流的转运站。域外文化往往是先传入京都，再扩散到外地。中国文化的影响构成京都文化的重要方面，而在不同时期，又各有其不同的内容和特点。京都文化与日本各地文化之间是交互的，不同时期，这种作用的程度与机制也各具特点。

历史地认识京都文化，首先要解决一个分期问题。迄今为止，多数研究者沿用"日本历史分期"或"日本美术史分期"，这里只略举其要，可分为下列5个时期。

1. 王朝文化时期（794—1177年）

从平安建京到1177年的京都大火，御所（皇宫）被焚为止。这一时期，京都作为政治中心兼文化中心，以藤原氏的王朝文化为特征，在中国唐宋文化的影响下，创造出绚丽多姿的文明，出现了《源氏物语》这样的文学杰作和平等院、凤凰堂等建筑精品。

2. 镰仓—室町文化时期（1177—1467年）

镰仓时期，京都失去政治中心地位，成为以宗教文化为主的文化中心。室町时期，由于幕府将军对佛教的兴趣，这一局面继续发展，以金阁寺、银阁寺等一大批寺院的建设和多数佛教流派的形成为其标志。在宋元文化影响下出现的"禅宗文化"，迎合了幕府将军对中国文物的兴趣，也促进了中国工艺、技术和书画艺术等在日本的传播与衍化。

3. 战国桃山时期（1467—1603年）

在这约1个半世纪中，京都历史上最重要的事件是"庆仁之乱"

↑ 平等院

（1467—1477 年）及以后的恢复和天正年间（1573—1592 年）丰臣秀吉对京都的重建。前者造就了京都经济的繁荣和工艺技术的发展，后者则基本奠定了今日京都的市街格局。

4.古都文化时期（1603—1950 年）

德川幕府设幕以降，京都再度失去政治上的重要性。"三都（京都、大阪、江户）论"的出现，反映了京都成为文化与观光都市的事实。虽经明治维新和两次世界大战这些巨变，但京都的这一基本性质未曾改变。

5.国际观光地文化时期（1950 年至今）

京都、奈良两地文化经第二次世界大战的浩劫而幸得保存，这与世界有识之士对于两地的深切关注大有关系。1950 年，经过市民投票，决定把京都建成为国际文化观光都市，并通过了《京都国际文化观光都市建设法》。此后，京都府、市两级的一切决策与举措，均以这一前提为依据。1958—1984 年，京都相继与巴黎、西安、基辅、佛罗伦萨等 8 个世界历史名城结为姊妹都市。1987 年 11 月，京都作为东道主，召开了"第一届世界历史都市会议"。从 20 世纪 60 年代起，京都市的观光规模即居世界古都城市前列。1959 年，京都观光人数首次超过 1 000 万。到 1970 年以后，稳定在每年 3 000 万~4 000 万人。

亘古的棋局

一、京都城市布局

京都，位于日本本州岛中西部，坐落在京都盆地北部，东距日本第一大湖琵琶湖仅5 000米，东、西、北三面有丹波山地、比良山地和贵船山地环绕，市区随京都盆地向南面大阪湾敞开为巨型口袋形状，面积610平方千米，人口160多万。古京都遗址位于前首都平安京区域，建造于794年（平安时代开始），从那时起到江户时代（1600—1867年）一直作为首都，同时在这里造就、培养和保留了日本许多杰出的文化。这一地区共17座历史建筑被列入世界遗产，并被确认为是重要的历史和文化宝藏，作为日本典型的文化遗产而得到保护。

京都市区房屋依盆地山坡而建，街道上下起伏。高野川和贺茂川在市区汇合成鸭川向南流入桂川，青山绿水，交相辉映。神殿古庙、皇宫御园分布在起伏的街道两侧，错落有序，使京都保持着浓厚的古都风貌。京都盆地气候温和，雨量充沛，市区林木郁郁葱葱，郊区田野格外翠绿。京都以其悠久的历史和秀丽的风光吸引着成千上万的游客，是世界上著名的旅游胜地。

京都曾作为日本的国都历时1 000余年，享有"千年古都"之称。京都古称平安京，

↑ 京都一角

城市存在的历史可以追溯到 7 000 年以前。据有关史料记载，到 6 世纪，京都地区已拥有数万居民。794 年，桓武天皇为革新朝政，将国都从山城长冈迁到这里，希望获得平安、吉利、安宁与和平，所以定名为平安京，从此真正开创了日本历史上的平安时代。1869 年，明治政府将国都迁往东京，京都作为国都的历史有 1 075 年之久。由于京都地处东京西面，国都迁至东京后，天皇登基、国家大典仍在京都的紫宸殿内举行，故又有"西京"的称号。

平安京东西宽约 4 500 米，南北长约 5 200 米，面积大约是唐朝长安的 1/3。朱雀大路作为中轴贯穿南北，宽约 85 米。按照天子南面而居的方位，东西两侧分别称为左京、右京。大内（宫禁）设在朱雀大路的北端，即船冈山南侧。朱雀大路南端有作为京城南大门的罗城门，城楼为两层，正南宽 35.7 米，纵深 10.2 米。城内坊町呈棋盘状方格分布。街道沿东西、南北方向垂直相交，井然有致。主干线朱雀大路两侧杨柳成行，为城市增添了生气。

↑ 京都古城规划示意图

日本城市中，京都受到中国历史与民俗影响最为深远。京都的城市建设模仿中国古时的洛阳和长安，由于西京长安在建都几十年后，因地势低湿、不利居住而致荒废，仅存东京洛阳，因而后来日本人便把进京称为"入洛"。"洛""洛阳""京洛"俨然成为京都的别称。即使在现在，来京都也被日本人称作是"上洛"。京都的东、南、西、北、中五个部分，也被习惯地称为"洛东""洛南""洛西""洛北"和"洛中"。至今，以"洛阳"二字命名的单位、店铺还随处可见。

全市有列为国宝的建筑物 38 处，定为重要文物的建筑物 199 处。由于持续不断的大火烧毁了京都的全部地区，今日依稀可见的京都地区的一些残垣建筑可以追溯到 17 世纪。此外，郊外的山麓小丘和周围的小山有代表各个时代最早的建筑和花园，例如建造于 952 年的五层宝塔。京都名胜古迹众多，城内外古色古香的寺院、神社和亭台楼阁，与现代化建筑错落相间，组成一幅瑰丽的都市风情画。这里集中了日本最丰富的历史和文化遗产，著名的古迹有京都御所、二条城、平安神宫、桃山城、修学院离宫、鹿苑寺、慈照寺，等等。另外，京都是一个受宗教影响极深的地方，全市有西本愿寺和东本愿寺等寺庙 1 500 多所，还有平安神宫等神社 200 余座，珍藏有经书典籍和历史文物。

→ 东本愿寺是京都最大的木质结构殿堂

由于大多数古建筑都是木制结构，因此，京都的很多古遗迹都遭到了火灾的破坏及国内战争的侵害。但是，这样一些具有破坏性的事件对四周环山地区的影响不是很大。也就是说，自然形成的地理环境，使得10世纪中期及以后的古建筑及园林一直留存至今，并且保存完好。

在市中心，许多16世纪后期的建筑避开了火灾的破坏留存至今，与现代的环境相融合。与欧洲被现代都市环绕着、具有石制风格古建筑的历史古城相比，京都以古建筑包围现代化中心城市的存在方式显得更为特别。此外，京都是日本文化的中心，一些传统的文化活动，像节庆、茶道和花展等，都广泛融入了现代都市的节奏。同时，这些对于京都的人民来说，无论从生活上，还是精神上，都具有重要的意义。

长期以来，日本从没有被侵略过，因此没有被殖民统治，它特有的纯正文化也没有受到外来文化的侵扰，再加上在第二次世界大战期间，京都也未曾被轰炸，它的古建筑也就未曾遭受破坏。在所有类似的木制建筑古城中，京都是唯一的一个作为文化中心长达1 200多年之久的城市。它跨越了日本木式建筑、宗教建筑和日本花园艺术的发展时期，同时还影响了世界园艺艺术的发展。

二、京都历史文化概览

1980年以后，人们对历史环境保护问题的关心，不仅反映在保护对象的扩大方面，还反映在对历史环境保护在物质价值方面的认识以及对历史环境在精神、文化方面的价值的理解与评价上，包括思考如何通过保护给地方城镇带来活力的问题等。此外，在严格保护文化遗产的同时，如何改善历史城镇中居民的居住环境问题也提到了议事日程。

20世纪末，日本京都市面临着人口的流失和经济活力衰退的压力。人们意识到"发展的神话"已成为过去，很多新的问题正在出现。虽然城市一直在扩张，但城市中心的夜间人口密度却一直在减少，加之低出生率和老年化的影响，如何保持古都的社会、文化吸引力以及经济的繁荣，成为今天城市规划中最为重要的议题。

1991 年，在京都的城市规划和土地利用中，城市按"保护、再生、创造"的理念划分为 3 个区，即自然景观和历史景观保护区、以调和为基调的市中心复兴区和城市新功能集聚区。特别是将市中心的一些空置或衰败的传统民居——町家，用来发展现代功能，如商店、饭店和新住宅等，对于改善市中心环境和振兴老城经济，起到了积极的作用。

京都在保护传统文化的同时，也在积极实现成为生活富有的产业城市的目标，包括传统手工业与现代技术的多样发展。京都具有工业的优秀传统，它不仅保存了传统工业，还吸收同化了各个时代最优秀的技术。为促进现有工业的发展，充分发挥市民潜能与文化遗产以发展新产业，京都将推动知识创新，开发新产品，同时为市民提供能带来满意收入的工作场所。

今日京都文化的内涵主要是什么，这是一个极具深度和广度的问题。京都的历史文化主要体现在如下方面。

1. 史迹文物

京都作为千年古都，无数壮丽的历史画卷在此展开，给人们留下了丰富史迹探寻瞻仰。人物涉及历代天皇、幕府将军、文人学者、名士高僧、能工巧匠、志士仁人、痴男怨女、渔妇耕夫；史迹遍布京都，比比皆是，不胜枚举；论及文物，京都有国宝级文物 244 件，

→ 日本京都古老宗教建筑

"重文"（重要文化财产）级文物 1 679 件。

2.寺院文化

京都素为日本佛教中心，现有佛教寺院约 1 200 处。确切地说，寺院的历史就是京都的历史，乃至中世纪以来的日本史，因为每一座寺院都与一定的历史背景相联系。日本寺院的建筑特征、佛像雕塑、佛具工艺形制、书画藏品和各类掌故，很多是带着中国文化烙印的。

↑ 京都有众多的寺院和神社

3.工艺文化

京都的传统手工艺极富特色，可以单独举出名目的至少在百种以上，手工艺工场不少于千处，最负盛名的有西阵织物、印染、绞染、瓷器、漆器、版画、制笔、佛具、裱具、彩塑、首饰等。京都还有多处博物馆和演示场，用来传扬工艺文化，使之后继有人。

4.饮食文化

京都烹饪风格称为"京料理"，它是伴随千年古都上层阶级消费需要而成长起来的。同时，又充分体现了日本饮食文化的基本特点，取材上突出季节感，注重发掘原材料天然的味素。因为受禅宗文化影响，所以京都烹饪风格以素食为主，以清淡见长。

5. 民俗文化

名目繁多的节日祭祀活动大大丰富了京都市民的生活，每年由各个寺院和神社主办的这类活动有 140 多个，分布于一年四季中。其中，最突出的是"京都三大祭"：葵祭、祇园祭和时代祭。时代祭是专为纪念平安迁京的祭祀活动。在这些活动中，男女老少身着传统服饰，排成浩荡的游行队伍，按照他们的理解再现历史盛况。

6. 建筑文化

京都古建筑有 38 处被列为国宝级文物，重文级建筑有 199 处。金阁寺、银阁寺、西本愿寺的飞云阁并称"京都三阁"。室町时期（1336—1573 年）和安土桃山时期（1573—1603 年）以来的众多建筑各具风采，并在日本传统木结构的素朴风格上，突出地点缀着许多中国古建筑的要素。

↑ 楼阁

7. 园林文化

京都作为千年古都造就的园林艺术，达到了登峰造极的程度。总体风格是追求自然与人工的浑然一体，使之宛若天成，并且注重借景。在局部造园手法中，中国的池泉回游式造园手法得到了广泛应用，并且京都园林还特别注意选材和布局上的多样化。

→ 桂离宫

8.民居文化

现代京都市街格局大体确定于安土桃山时期（1573—1603 年），而民居结构带有室町时代（1336—1573 年）的某些特点。它们的门面窄小且内部幽深，被称为"鳗鱼寝床"式结构，极富传统式的日本民居特点。市内设有多处传统民居重点保护区。

京都文化的主干始终是传统文化。依靠日本政府各级部门和京都市民的长年辛勤奋斗，京都文化正着眼于传统基础上的创新，以其瑰丽多姿而风光于世界。

→ 民居

木建筑的前世今生

❧ ❧ ❧

　　日本的传统建筑主要是木建筑。这些建筑所表现的端庄秀丽与自然相互交融，追求建筑与所处环境的融合、追求朴素优雅的装饰效果、追求材料的自然美，凝缩、形成了日本独特的传统建筑风格。

↑ 日本常见的木建筑

一、选择木建筑的原因

1. 历史原因

　　木建筑具有抗台风地震，易维护管理，建造垃圾少，木材不含有害物质，适合日本风土，居住舒适等许多优点。它凝结了日本人在与自然相处过程中所形成的民族生存智慧。

　　木建筑与石建筑相比，耐蚀性较差、耐用时间短。在夏季高温多雨的日本，木建筑的寿命更不会很长久。为什么日本的住宅都使用木建筑，就连寺庙、神社等要求长久使用的建筑也使用寿命较短的木建筑呢？

（1）早期建筑技术不发达

日本人直到镰仓时代（1185-1333年）都一直居住在称之为"竖穴式房屋"的简单建筑中，一般维持10~20年，腐朽后再重建。由于经常发生地震，可能无法建筑永久性的房屋。并且，建设坚固耐用的房屋从经济上和技术上都有一定困难。日本古代的建筑手法建造的宫殿和官衙都不能遗留下一代使用。在佛教传入日本之前，日本的建筑即使是天皇的宫殿，也是在"掘立柱"之上的木结构建筑，屋顶使用植物性葺材，没有考虑到使用几代那么长久。在古代的日本人思想中，原本就缺乏将建筑物保留50年、100年的想法，因此，也就没有形成永久性建筑的技术。

（2）宫殿、皇都建筑频繁搬迁

平安时代（794-1192年）的皇宫也不是永久的设施，每一代天皇都要新造宫殿。皇都也如此，飞鸟时代（593-710年）至奈良时代（710-794年）中期，每代天皇都要迁都。频繁迁都对于建筑技术进步有很大影响，造成建造师对于建筑寿命没有特别追求。

（3）神社的被动搬迁

古代神社是政教合一国家的一种国家祭祀设施，因此神社需要建

↑ 锦山神社搬迁，现称加藤神社

在皇都或者附近。皇都或者皇宫经常迁移必然导致神社也要迁移，因此神社建筑也不可能存在永久建筑。在佛教传入日本之前，神社本殿在祭祀时，只是起到为神降临提供一个场所的作用，祭祀结束后就被拆除。这与天皇即位时所建造的大赏宫在大赏祭结束之后也要拆除是同样的原因。

（4）追求纯洁性建筑

伊势神宫在至今1 300多年的时间里，每20年举行一次式年迁，共计举行了63次迁宫。迁宫不但耗费大量资金、人力，还要消耗大量珍贵的林木资源。这种现象源于日本文化中被称为"秽"的一种巫术信仰。日本人认为通过经常新建驱除"秽"来保持神的居住场所的纯洁。

↑ 伊势神宫是日本神社的顶点

2. 选择木结构建筑的深层次原因

（1）自然与社会条件

日本的气候温和，夏季高温多湿，雨量较大，四季分明。由于日本自然灾害多发，深切感受到大自然的威胁，注意与自然共生。岛国环境不太受外敌威胁；"单一民族国家"（实际上除大和民族外，还有阿伊努族和琉球族）即使改换统治者，还是大和民族来治理国家。在这种风土和社会条件下，日本不需要威慑外民族的巨大建筑和象征统治者特定民族的特殊建筑。传统木建筑最容易融入周围的自然环境之中。

（2）气候条件

古时的夏季高温多湿季节里，降温是个大问题，在当时条件下夏季降温只有借助于自然通风。钢结构之前，只有石建筑、砖建筑等砌体施工法和柱、梁构成的框架结构施工法两种。钢结构通过外墙承重支撑建筑物全部重量，因此墙壁必须坚固，需要增加墙壁厚度或者减少墙体开口来实现。而框架结构即使没有墙壁立柱和横梁也能够承重，可以最大限度地在梁柱之间上下左右扩展开口。这样的建筑可以达到夏季高温多湿地区通过自然通风实现冷却目的。此外，将房檐延伸出来，使光照不能直射到建筑物的侧方，起到了防止室内温度上升的作用，可以在盛夏时增加室内的凉爽。

↑ **日本古代木建筑**

（3）优质建材和丰富资源

框架结构用的建筑材需要的基本条件是具有一定的长度、结实、耐久。在钢架结构技术开发之前，几乎只有木材可以满足这一条件。框架结构建筑需要支撑很大、很重的屋顶，要求结构材料具有很高强度。另外，抗震能力与建筑物质量成正比，所以建筑材越轻、越结实越好。日本优质木材均具备这些特点。从资源的角度看，扁柏分布很广，生产成本低，运费低。木材重量轻容易加工，耐久、结实。树干通直，可以满足柱子、梁、檩等各种要求。

二、木建筑的特点

日本古建筑早在 1 世纪便形成了它基本的特点，如使用木构架、通透轻盈。这些特点是在中国南方流派的影响下形成的，同时也是因为日本盛产木材。日本的木构架采用了中国式的梁柱结构，甚至还有斗拱。总体说来，日本古代建筑和中国古代建筑体系有很深的渊源，它们具备了中国建筑的大部分特点。虽然如此，日本古建筑仍具有鲜明的民族特色。

1. 民族特色

日本建筑特点集中体现在平易亲切，富有人情味；尺度小，设计得细致而朴素，精巧而素雅；同时，日本古代建筑也擅长于呈现材料、构造和功能性因素的天然丽质，如草、木、竹、石、麻布、纸张等材料，都被利用得恰到好处。此外，还体现在它的夸张表现上，如伸展得很远的飘檐、硕大的斗拱、过于华丽的装饰、园林中的枯山水等。

↑ 日式园林中的枯山水

日本建筑随着世俗化而逐渐走向日本民族化，其中较为典型的是1053年建于京都的平等院凤凰堂。平等院原本是太政大臣藤原道长的庄园。其子藤原赖通舍宅为寺后，建有大殿、钟楼、塔等，后均毁于战火，只剩下了凤凰堂。凤凰堂本来是平等院中的弥陀堂，只专门供祀阿弥陀佛的。其形制是一正两厢，以廊相连，后来人们把这样的建筑称为"寝殿造"。凤凰堂的正殿面阔三间，进深两间，歇山顶。四周加一圈廊子，正面五间，侧面四间，因此形成了腰檐。腰檐的中央一间升高，突出了正门，造成形体的变化。正殿内部空间向后扩大，把后廊包括进来，中央供奉阿弥陀佛，顶上有藻井。两翼廊子是两层的，展开四间，然后折而向前伸出两间，前端是悬山式的。在转角的一间之上建楼，有平坐，攒尖顶。整个平面像一只展翅的凤凰，故名凤凰堂。

↑ 平等院凤凰堂

2. 美学特征

无论从形式还是感觉，日本建筑都体现了日本人精细严谨的性格，他们能把建筑特有的风格自然地融入建筑的方方面面，他们的作品不单单是设计，而是哲理和自然的结合。

美国建筑师赖特是享誉世界的一代建筑大师，他说："日本的建筑……具有有机的特点。"使用与人非常亲近的木材这种材料，其建筑不是表现和自然的对抗与对立，而是去努力表现与自然的统一与谐调，在建筑处理上注意每一个细节都和自然环境紧密地结合。

日本建筑室内中所凝聚的那种与大自然和谐相处、天人合一的自然观，也体现在日本的园林建筑中，把园后的风景背景融合到设计中，这个人们熟识的"借景"经验是与自然融为一体的人的意识的体现。这是日本这个民族的特性，体现了日本人对生活在大自然中的乐趣和对大自然中的事物的喜爱。

京都历史建筑风尚

京都建筑注重精炼、优雅和素洁，擅长表现建筑的构造美和材料的质感美与色泽美。此外，在用建筑再现自然美的构思技巧上，也显得独具匠心。但是，在某些时期或某些方面，其建筑是十分夸张的，甚至对自然形态山石的喜爱，都会固执得过于矫揉造作。

一、日本建筑风格流变

日本建筑风格的形成有一个过程，是很多不同因素共同塑造的结果。在史前时期，日本人便在建筑实践的过程中，选择了相对轻盈透彻的结构形式，放弃了相对比较厚重的发展方向。这种选择的结果，可能是后来日本建筑虽很大程度地接受与模仿了中国古代建筑形式但仍然顽强地保留了其风格的最根本的一个文化根源。另外，相对充足的森林资源，使日本在建筑材料上更多地保留与利用其最自然的材料，并以一系列对木材加工技术的完善，更好地发挥了这样的自然风格。

↑ 日本古代木建筑

飞鸟时代（593—710 年）是日本建筑风格初创的时期。这个时候形成的一些习俗，如都城的不稳定性，可以看作是针对其岛国灾难性环境状况的适应，但另一方面，也形成了日本文化中，相对于物质的传承，更注重精神沿袭的特点。这个时代产生了非永久性的政权观念，甚至在其文化底层铺垫了属于游牧民族的特点。

　　奈良时代（710—794 年）是一个模仿的时代。这个时候的日本，正如其当代对于西方文化的接受一样，对于中国盛唐时期的文化，采取了宽容的接纳态度。这个时期的平城京、唐招提寺金堂以及政府出资兴建的东大寺，不论是城市建设方面，还是建筑构筑方面，都最广泛地接受了唐代的形态特征。当然，在这个过程中，也最大限度地保留了日本文化。在这个接受过程中，日本并没有完全恪守中国的范则，而是有一些文化上的突破。如东大寺金堂的正立面，其基本形式还能明显看出唐风，但中部的处理手法使人联想到意大利巴洛克建筑对于严谨的文艺复兴形态的突破。

↑ 东大寺

　　平安时代是日本建筑风格的形成时期。这一阶段，国家的介入对于包括建筑在内的艺术品类都起到了极大的促进作用。宫殿、寺院和私宅都首次出现了真正属于日本的建筑风格。它们虽然仍受到中国建筑的影响，但明显糅合了本土品味和佛教建筑的风格，并且从材料、

↑ 依照平安时代的建筑样式建造的毛越寺本堂

结构和建筑方法等方面都更多地反映出日本的古代传统。这个时代所形成的日本风格，更多地表现在建筑布局方面。由于受到了佛教天台宗和真言宗的共同影响，建筑风格更加轻灵飘逸，原本具有的严格的对称格局被打破了，建筑布局更加自然。尤其是神道教与佛教的合流，使建筑的装饰风格更加突出，完全奠定了水平延展线条的建筑特征。这种水平延展的最典型代表就是这一时期的京都平等院凤凰堂，其建筑形式已经是完全的"和样"建造。

到了镰仓时代（1192—1333 年）与室町时代（1336—1573 年），由于国家权力中皇权的削弱和武士阶层的崛起，社会文化的走向偏重于简洁、清爽的不加装饰的建筑形态的方向。虽然这个时期产生了由中国传入的"天竺样"和"唐样"，但更重要的特征是表现了日本文化固有的简约与质朴。特别是在室町时代，武士道精神与禅宗思想的影响深远，整个日本社会形成一种简朴的社会生活习俗，不论是建筑的总体布局还是单体细部处理，都更加与周围环境相互协调。建筑物原本需要的纪念性效果在这个时期被减弱到最极端的地步。这个时期还有一个特点是产生了相对成熟的日本古代园林。作为建筑艺术的一部分，这些园林承袭了先前艺术与文化的很多特征，更重要的是发展了建筑文化，尤其是与禅宗文化结合后，形成了日本建筑群落中新的构成要素：禅室与庭园。这些极尽质朴的建筑单体，有效地抑制了当时有所兴起的奢华之风，更多地以象征主义手法完成对意境的描摹。

桃山时代（1585—1608 年）与江户时代（1603—1867 年），日本建筑文化更多地接受了西方思想，但仍然全面保持了其固有的文化特征。这一时期最具代表性的是日本城堡式建筑天守阁的发展。最初的城堡更多地借鉴了西方的建筑形态，以实用主义为构建核心。后期就更多地赋予了文化色彩，采用象征主义的手法来表现。这个时候，天守阁的屋宇、檐口、开窗以至墙面色彩搭配，都已经是日本的和风特征了。继这两个时代之后，日本进入明治时代（1868—1912 年），在文化上开始了对西方的全面吸收。当然，这种吸收也有着日本的底线。和风传统在日本的文化方面，包括建筑文化方面，依然保持着明显的传承态势。

二、日本建筑风格特征

综合上面对日本历史的回顾，从相关的建筑遗存中，我们能十分清晰地看到属于日本的一些建筑文化特征，这些都是日本建筑中和风传承的基因所在。

1. 非对称布局

相对于中国建筑居中为尊、对称理性的格局，日本传统建筑布局追求不对称的平衡，排斥中轴对称，没有统一的凌驾于空间之上的外在的理性秩序。

拿京都御所来说，京都御所于 794 年由桓武天皇始建，是日本的旧皇宫，又称故宫，地处京都御苑的中央偏北。从奈良迁都到明治维新的 1 074 年中，它一直是历代天皇的住所，后来又成了天皇的

↑ 京都御所

行宫。现在的皇宫为孝明天皇于 1855 年（江户末期）仿平安样式重建，东西宽 700 米，南北长 1 300 米，面积 11 万平方米，四周是围墙，宫院内松柏相间，梅樱互映。

京都古建筑在布局上已经不再局限于对称以及南北轴向布置。在佛寺的建造上，东西朝向是有其实用目的的。为了避免下午令人难耐的西晒，所以将建筑物的长边定为东西轴向，起居室朝南或者东南。此外，依据季节调整起居室已成为常规，到了炎热的夏季，人们便搬入房屋阴凉的一面。这种变化最后摆脱了中国模式，超越了轴对称的范围。日本的建筑在尝试中找到了属于自己的不对称的轴向特点。比如，依山而建的清水寺，它的正殿坐西朝东，著名的木造大平台就在正殿的东侧，在平台上可以俯瞰京都城的美景。

2. 简素性

京都建筑还有一大特色在于它的建筑材料的自然性、简素性，这也是和风建筑不同于唐风建筑的一个显著特点。

神社是最具日本古典综合艺术美的建筑。它以木材和芭茅等自然材料作为主要的建筑材料，整体为木结构，草葺屋顶，顶内彻上露明，屋檐、屋脊无起翘和弯曲，全由直线构成空间，毫无人工修饰和人工技巧，排除一切装饰性的东西。全部建筑不涂色料，保持扁柏木的原色，给人一种单纯清明、自然朴素和透明安定的感觉。它最完整地展现了古代和风建筑之美的三个基本因素：简素性、和谐性和非对称性。神社突出了建筑与自然环境的和谐，是最具日本味的古代建筑，体现了早期日本文化之美的极致。

即使在天皇的居所京都御所，所有建筑的屋顶也均为草顶。同样，二之丸御殿、本丸御殿和作为德川将军离宫的二条城等重要建筑也均为草顶。而与京都御所年代相差不多的中国唐代建筑佛光寺大殿是瓦顶。中国重要的古建筑几乎都是瓦屋顶，草屋顶只是偶尔用于民间。

→ 日本古典建筑中常见的草葺屋顶

3. 天然而注重细节

京都民居设计以直线形为主，很少采用曲线，基本上没有拱形结构。有些地方即使采用了曲线，也非常平缓，与占主导地位的平面图形产生鲜明对比，有一种弧线美。可见，京都建筑既具有鲜明的民族特色，也很有创造性，尤其表现在它们的美学特征。除早期的神社外，都城格局、大型的庙宇和宫殿等，比较恪守中国形制，而住宅到后来则几乎完全摆脱了中国的影响而自成一格，其结构方法、空间布局、装饰和艺术风格等都与中国住宅大异其趣。茶室之类可以说完全是日本建筑的独创风格了，且富有人情味。同时，传统的日本建筑师强调整体的生态设计，他们以敏锐的感官去探究空间的深层本质，进而转换成建筑空间的元素，以榻榻米、竹、石、纸和木头等简单的构成要素，形成独特的"空、间、寂"的日本美学。

京都人对其民居、神社、寺院等传统建筑风格有一种根深蒂固的坚持。京都建筑中最有特色的是神社，早期的神社是模仿当时比较讲究的居住建筑的，因为在观念上，神灶是神灵的住宅，人们只能按照

↑ 日式木制结构建筑

自己的生活去揣摩神灵的生活方式，而且建筑学在当时也远远没有达到专为神灵另创一种神社形制的水平。因此，这些早期的神社更贴近人民朴实的生活，它们的建筑风格代表着日本建筑的基本气质。另外，京都重视古城保护是多方面的，也是不惜工本的，同时带有前瞻性，注意注入新活力。所有建筑都会定期重建。

日本是一个极崇尚自然的民族。岛国狭小的空间，使得日本人以最细致入微的视角审视自然，进而以同样的方式利用自然、表达自然。"日本匠师是使用各种天然材料的能手，竹、木、草、树皮、泥土和毛石，不仅合理地使用于结构和构造，发挥物理上的特性，而且充分展示它们的质料和色泽的美。竹节、木纹、石理，经过匠师精心的安排，都以纯素的形式交汇成日本建筑特有的魅力。日本匠师对自然材料潜在美的认识能力，在世界上是出类拔萃的。"（陈志华《外国建筑史（十九世纪末叶以前）》）然而，日本使用自然材料并不是简单堆砌，而是一个认真权衡的过程，并将人工的加工痕迹完美地保留在材料上。如伊势神宫的"本宫"采用神明造的方式，建筑的柱子、平台、栏杆以及围护结构全为素木制成，但木材被精细加工，木纹清晰地表现着材质。建筑的屋面为草葺而成，但不同于中国古代茅屋做法的是，这些草被精心地修剪过，并保持着约30厘米的厚度。从两侧的博风板上，挑出各8根的鞭挂，其基部是方形，至前端渐变为圆形，细致精巧。再如，茶室的建筑完全追求野趣。建筑以原木为柱，草葺为顶，以素泥抹成墙壁，用白纸糊作门窗，掷席而成地板。建筑中，为保持自然特征，甚至使用弯曲的木材作柱、梁结构，甚至以虫蛀的木孔作为表现细节的方式。

4.简约而又突出意蕴

在日本文化的意识中，日本是个资源匮乏的岛国，因而对待任何资源的态度，都是充分利用，不能够有丝毫的浪费。这就形成了日本文化中很典型的"尽物之极"的特征。这样的特征表现在建筑方面，就是以最少的材料与人工投入，获得最丰富的建筑体验。这样的情致很自然形成了日本建筑传统中简约的风格，而这种简约所带来的，往往是最意蕴深长的建筑感受。实现这样特点的方式可以是通过最和谐的建筑比例来得到直观的建筑形式。

比如，伊势神宫的鸟居形式十分简洁，一根横梁，两端悬挑地架在一对立柱上，再在稍低的地方以一根枋子插入，并无任何华丽装饰。与中国相类似功能的牌坊相比，几乎有些简陋了。然而，它所表现出的美不亚于后者，更不必说它对入口空间的实际限定功能。建筑整体与构件本身所表现出的和谐尺度与比例，在这里起到了关键的作用。

↑ 伊势神宫的鸟居

另一种方式是通过象征性的意味来实现这种特点，在这方面表现到了极致的就是日本"写意庭园"的枯山水。禅宗文化的空灵感从某种意义上讲，与日本"尽物之极"的观念是契合的，在园林建造上，很容易形成日本古典写意园林中这种最纯净的形态，表达出对色与空、幻与实的理解。用石块象征山峦起伏，甚至表现其形成的态势，寓动于静；以大面积白沙象征湖海，在沙面耙出来的细密线条，则代表了万顷碧波；两块峻石相依，象征山间峡谷，并延展出飞泻的瀑布。为适应这样的情致，枯山水很少植有高树，也少艳丽的花草，只是以静态的苔藓或蕨类植物装点其间。然而，这样的简单处理，却包含了世上的万千气象，以少胜多。

5. 开放而又严守底线

日本文化是极具有开放性特征的，这不仅表现在古代历史，尤其是奈良时代对中国文化宽容的接纳态度上，也表现在近代日本对于西方文化的接受上。作为一个岛国，少资源而多灾难，无疑会形成日本民族的孤独感与危机感，这样会引导日本去探求外面的广阔天地，会对外来文化有一种天生的好奇甚至认同。加之日本气候和自然环境的复杂多样化，使日本人习惯多样化因素并存的环境，天生具备对外来事物的灵活性态度，培育了他们文化的适应性。在这样的条件下，日本民族很容易以一种广博的胸襟接受非本民族的文化，并根据实际情况为其所用。但是，日本文化从来不是无条件接受的。日本作为一个岛国成形后，极少有大规模的外来异族的入侵，在这样的状态下，就形成了强烈的民族意识，且充满了对外来文化的恐惧感和抵触感，其对于外来文化多是有选择、有目的地接受。尤其是日本文化有一个明确的底线，就是天皇信仰，其实是日本神道教的一种表现形式。而日本神道教的一个典型特征就是对自然的崇尚。在这样的基础上，日本文化的自然表现特性，就固执地传承下来了。

比如，日本的佛教建筑是受外来文化（如中国古代建筑文化）影响最深的一个方面，然而其中的一些建筑流派却无疑贯彻了日本建筑文化的特征。唐式建筑又称禅宗式建筑，继承的是中国唐代的建筑式样，但其表现出来的做法，却自然细巧地突出了日本本土的文化特征。

寺庙篇

春天的关西，是一年四季中日本最特别的地方。

樱花短暂而热烈地盛开，刹那绽放，继而慢慢凋零。

走在京都古意十足的街头巷尾，春风拂面，樱花绽放，杨柳依依，让人心底温润，充满感动。是的，最留恋的，还是春天的京都，带不走，却能追忆此生。

——西村幸夫

驻足清水寺的悬空舞台"读城"

"想从清水寺鸟瞰京城的暮景，想看看日落时的西山天色。"日本著名作家川端康成在小说《古都》中描绘的有着 1 000 多年历史的京都风貌，令人神往。现在，我们就以这种特别的方式融入这座千年古都之中。

↑ 在清水寺俯瞰京都市区

舒国治在《门外汉的京都》一书里说："京都根本便是一座电影的大场景，它一直扮演着'古代'这部电影。"如果此言非虚的话，京都这出戏，高潮便在音羽山上的清水寺。

清水寺是日本最有名的寺院之一，位于京都市内东部音羽山的山腰，历史悠久，被列入世界文化遗产，为平安时代（794—1192 年）

之代表建筑物，也是著名的赏枫及赏樱之景点。清水寺主要供奉千手观世音菩萨，为北法相宗的大本山。

↑ 清水寺

清水寺的由来是 778 年从延镇上人在音羽的瀑布上参拜观音而开始的。到了 798 年，坂上田村麻吕改建为佛殿，从此成为恒武天皇的敕愿寺。清水寺的山号为音羽山，主要供奉千手观音，原本属于法相宗这一宗派，但目前已独立，成为北法相宗的大本山。清水寺占地面积 13 万平方米，由慈恩大师创建。相传，慈恩大师是唐僧在日本的第一个弟子。清水寺是 1633 年由德川家康捐资兴建的。由于日本古时除了东、西两大愿寺可盖在京城内之外，所有的庙宇神社都只能依山而建，而清水寺坐落在山腰上，落差极大。这座完全木造的寺院总面积达 13 万平方米之广，其内最有名的清水舞台，离地 50 米高，却只靠 139 根木柱支撑，可见当年工程之浩大与艰巨！

清水寺始建于奈良时代 (710—794 年) 末期的 778 年，论历史比平安京还更古老些。1 200 多年间，多次遭兵灾战火毁坏，特别是战国初年的"应仁之乱"，更使得清水寺遭遇灭顶之灾，几乎整个寺院建筑都被付之一炬。然而，清水寺作为十分灵验的观音道场，始终深受京都社会各阶层信众的推崇和信仰，因此，屡遭焚毁又屡次重建并复兴。目前，所存的大部分建筑，包括被列为国宝的"本堂"和"舞台"，基本上都是德川幕府时代由第三代将军德川家光发愿布施所建，距今约 400 年历史。虽是重建，但历次重建都在原貌基础上修旧如旧，所以今天的清水寺仍旧保持了奈良时代的佛寺遗风。

↑ **光影中的清水寺**

清水寺因寺中清水而得名，顺着奥院的石阶而下便是音羽瀑布。清泉一分为三，分别代表长寿、健康、智慧，被视为具有神奇力量。游人路经此地，一定会来喝上一口水，据说可预防疾病及消除灾厄。清水寺中有祈求分娩顺利的"子安塔"，被列为重要文化遗产。一年四季前来朝拜的香客或来访的观光客络绎不绝。著名的正殿，清水舞台，气宇不凡的朱红色仁王门，喝了可以长命百岁、身体健康及学业进步的音羽瀑布，可以祈福事业有成的出世大黑天，招揽情人慕名而来的地主神社等。这些不仅是旅游的重点景区，更成为当地居民的信仰。

清水寺之秀出者，一在建筑，二在地利。此寺依山而建，故大雄宝殿等主体建筑都用平台托起，下面是结构谨严的木梁，如蜂巢网阵，保护着佛家的百年基业。主体的深黑色木制建筑，用朱涂、金饰，略加调色，放在葱绿无垠的音羽山松林竹海内，点缀飞泉、花树、远亭、灵塔，在钟声悠扬里俯瞰京都车马，令人飘飘然有凌云之意！

现在的清水寺东西方有西门、三重塔、经堂、开山堂、轰门、朝仓堂、本堂、阿弥陀堂。周围的建筑有仁王门、马驻、钟楼、北总门。

↑ 三重塔

一、西　门

清水寺的西门建于 1607 年，建筑外观色泽鲜艳、雕刻细致。建筑形态呈单层八柱，屋顶属于"切妻造"建筑。从清水坂前往清水寺道路两侧，除了有京都传统木造住宅林立外，沿途还有古老的神社和寺庙，无不充满宁谧与静穆气氛。室町时代（1336—1573 年），来到清水寺参拜的武士，通常先把马匹拴在仁王门前面清水坂上的马厩里，因此，这个马厩就成为室町时代遗留至今的建筑物。

↑ 清水寺西门

二、正 殿

清水寺最具特色的建筑是正殿。正殿平面采用佛教的密教佛堂的布局，正中和两翼体量的庑殿顶相互叠加，其细部处理十分巧妙得体，具有浓厚的日本风格。建筑前面的舞台通过木架构建在山崖上，结构处理极具魄力，使整个正殿建筑成为结构空间与建筑空间的完美结合。上述将建筑建造在陡坡上的做法称作"悬造"，起源于平安时代，其中以清水寺正殿为最具特色的作品。这种技法有点类似我国恒山悬空寺。相比而言，悬空寺胜在险峻奇绝之态，而清水舞台更有一种恍若登仙般的天上楼阁之感。特别是在樱花如云或者枫叶如火的时节，整个舞台更是仿若浮于云端的仙人居所，令人心驰神往。

殿阁雄伟壮硕，厚重的树皮屋顶、粗大的一人无法合抱的立柱，上下浑然一体，殿堂四周是千年古松。这座古建筑所表现出来的气势不是今人所能表达的，它是一种历史时代的气度，一种古代的比例关系，一种建筑巨匠的手法，而不是简单的尺度宏大。清水寺看似高耸，却是空灵；视似巨大，却是浑厚。厚重但又有举折的屋盖、巨大的出檐，像一把巨伞，把巨厦稳稳地罩住。檐下有多重斗栱层层

→ 清水寺
　正殿

托举。大木支架危架临空，支撑着大平台，平台上栏杆四合，殿阁稳重，却又空灵剔透。这些都形成了巨大中的伟岸，充满了古老的精气，和它周围的古松山崖浑然一体。

三、悬空胜景

清水寺为栋梁结构式寺院，它依山而起，殿宽19米，进深16米，殿顶铺有数层珠形的桧树皮瓦。大殿前为悬空的"舞台"，由139根高数十米的大圆木支撑。寺院建筑气势宏伟，结构巧妙，未用一根钉子。寺中6层炬木筑成的木台为日本所罕有。

→ 清水寺
舞台

为什么清水寺要修建这么一座大舞台呢？这就要从"舞台"二字说起。清水舞台，是人们约定俗成的叫法，其实，这个舞台不是演出给游客看，而是一座"神的舞台"，演出给唯一的观众——本堂里的千手观音娘娘。通常，寺庙里举行重大法会时，都会在本堂前临时搭建一座舞台用于舞乐奉纳，演出日本传统"能乐"。但清水寺本堂建在悬崖边，没有更多空地来建舞台，于是只好采用工艺难度颇高的的方式悬空搭建了这么一座宏伟的大舞台。

如天气晴朗，还可以远眺大阪。殿旁有一眼清泉，被称为金水。传说，掬饮金水就能一切如愿。

四、小神社

清水寺的后侧，有一处叫地主神社的小神社。神社和寺庙，本是风马牛不相及的两个宗教的顶礼膜拜场所，凑在一起，也许是唯有在日本才能见到的景观。作为平安时代的代表性建筑，小神社遭受了多次火灾的毁坏，在 1633 年重新建造。这里也是欣赏枫叶和樱花的极佳之地，并以它的清澈池水而著名。

➜ 清水寺的
地主神社

五、清水寺鸟瞰京都

一座历史古都，最终变为全球独具一格的城市，其内在的缘由是多方面的。从观光者的角度来看，大凡这种都市，提供给外界切入的角度，无论横面还是纵面，都是多方位的。正如我们可以从音乐进入维也纳、从童话进入哥本哈根一样，日本的京都，也预先为所有的进入者提供了观光前的多种"开胃酒"。

京都不是一座博物馆的城市，而是一座历史的城市。京都不守旧，它只是致力保存其古老的风貌。一个近乎完美的、古老的历史名城犹如一幅风情画卷徐徐展开，以其近乎原有的历史风貌迎接着世界

→ 清水寺鸟
瞰京都城

各地的客人，给人留下不可磨灭的美好的印象，使人回味遐想，流连忘返。

京都的遗产远不止建筑，古老的建筑物与周围的环境相辅相成，融合无间，到处是樱花树和柳树，清澈的河流欢快地流动。古老的街道十分幽静，散发着迷人的味道。人走在其中，一种异样的感觉油然而生。它使人总想驻足，静下心来细细地品味和探究其中的奥秘。夜晚的京都更加迷人。许多古城堡，在其城墙四角的探照灯的照射下，充满了神秘感，令人叹为观止。

京都这座城市，本身就是"精致"二字的极佳代言。在过去1 000多年的时间里，京都曾经是日本的首都。这座城市的底蕴长期在凤阙青瓦中蓄积、弥散，其"三条九陌，万户千门"的城市规划亦颇有长安遗风。京都的精致体现在这个城市的方方面面，街道上甚至没有垃圾箱，也看不到半点垃圾，完全可以用"纤尘不染"来形容。

自然科学有一个理论叫作"熵增效应"，即在没有外力的作用下，正常的体系往往会趋向混乱。京都体现出来的却是一个极度精致、高度秩序化的社会。可想而知，这个社会体系背后，人们为维护"规矩"正常运转付出了多少努力。

驻足清水寺的悬空舞台"读城"　　**047**

建筑中的侘寂之美

美国建筑大师沙里宁说："城市是一本打开的书，从中可以看到它的抱负。让我看看你的城市，我就能说出这个城市居民在文化上追求什么。"禅意之城、真正的日本，是细品之后对京都的最深感受。

走近京都，让人感到一种回归自然的惬意，也体会到深刻的文化震撼。原来，京都古朴的外表下蕴含着丰富的灵魂，流淌着千年的文化血脉。

→ 龙安寺的石庭

一、解读侘寂

"侘寂"这个词汇，是一个较难理解的抽象概念。侘寂作为日式美学概念的一种，起源于京都，深受佛教三法印派的影响，常被理解为一种提倡不完美的、无常的、不完整的美学概念。日本人的美学

↑ 细砂与怪石构成庭园的主体

中，最能代表自然之美的词为"侘寂"。日本人对万物的尊敬、对自然事物的善感，都蕴含于此。

　　侘寂一般指的是朴素又安静的事物。它源自小乘佛法中的三法印（诸行无常、诸法无我、涅槃寂静），尤其是无常。所以，对于这个词，我们或可以用"禅寂"来理解。

　　"寂"在日本最初是指随着时间流逝逐渐劣化的意思，好比汉字中的"寂"，表示没有人声、非常安静的状态，是一种欣赏或怀念旧物之美的态度。在禅宗中，安于简陋被认为是一种美德。日本战国时

→ 石块铺就的园中小径

代（1467—1585年）的茶道家千利休，创造了侘茶，便把这种精神与茶道追求的美学结合了起来，即麁相。麁相的日文原意与中国的传统美学"秀外慧中"相对，讲究的是"陋外慧中"。这体现在茶道上的精神就是：不刻意追求饮茶的地点、环境、摆设，茶器是否华丽、圆润、亮丽，是否由名家制作等，仅追求品茶时的"清净之心"。

由此可见，"侘"追求的是一种无须繁华、不要装饰、直指本源的精神。到了室町时代，这个概念在俳句中得到了相当的重视，还被纳入能乐等艺术形式中，并开始理论化。俳句中的"寂"尤其指旧物，或者老人等所共同持有的特征。用寺田寅彦的话来讲，像是从旧物的内在渗出来，与外表没有什么关系的美感。

后来"寂"逐渐产生出了一层美感的含义，即从老旧的物体或人的外表下，显露出一种充满岁月感的美。即使是外表斑驳，或是褪色暗淡，都无法阻挡的一种震撼的美。这种美感与"侘"的相似点在于，都在强调一种"不依托于外在"的美。

总之，侘寂即为一种不刻意突出装饰和外表，强调事物质朴的内在，并且能够经历时间考验的本质的美。

↑ 深邃的庭园

侘寂是顺应自然流动的结果，是一种强调本质的素朴之美。"侘"是在否定了世俗普遍意义的美之后产生的"无一物"的美；"寂"指的是随着时间的自然演进，庄严而又优雅地面对老去。"侘"原指的是哲学上的空虚感，"寂"是人性上的寂寞感，简单地说，就是一种空虚寂寞的枯淡美。

侘寂美学之所以会引起共鸣，主要是人生中蕴含了许多无常与无奈，看起来舒服自然的侘寂，是一种对渐逝生命的审美态度，具有心灵疗伤的效果，这是一种看尽繁华后，才懂得欣赏与追求的美感。

侘寂之美有几个关键词：极简、质朴、安静、素雅、淡然、沉浸、信任。当设计满足这些条件时，可以称为侘寂之美。

侘寂的美学特征包括不对称、粗糙、简朴、谦逊、亲切和由自然变化而形成。简而言之，"侘"是在简洁安静中融入质朴的美，如竹子、稻草、泥土、石头中的图案；"寂"指时间的光泽，如一件物品在使用中提升的价值和美。

二、龙安寺的幽静花园

龙安寺是京都最有名的禅宗寺庙之一，很大部分原因在于它引以为豪的枯山水庭院。庭院中摆有 15 块不对称的岩石，无论从任何角度看，都会有一块岩石被遮挡住。当我们放平心情，静观这些岩石，仿佛看到一棵树的形象。实际上，每一块岩石都是经过悉心摆放的，

→ 窗里窗外

通过轴对称线组成了一棵分出枝杈的树的图案。而当人们专注地欣赏它的时候，大脑会利用抽象的对称线来获取对事物形状的认识，即隐约地看到这棵神秘的树。

这个坐落在一片森林之中的幽静花园，和其他禅宗寺庙一样，能帮助人们逃离不必要的精神压力，专注在最简单的自然之美当中。寺内有一圆一方两个窗户。圆窗名为顿悟之窗，代表禅、智慧和整个宇宙；方窗名为迷惘之窗，代表人世间的执迷不悟、逃脱不掉的生老病死和痛苦。

窗里窗外看世界，尽管是同样的景致，却因角度不同而让每个人得到不同的感悟，从而引导人们思考如何处理生活中的压力，回归生活的本质。只有回到原点的时候，我们才能发现宇宙的辽阔。人生的悲欢离合、生老病死就像四季交替一样，虽无法避免，却可选择一笑而过。

➔ 室内室外

日本最长的佛寺
——三十三间堂

北京人有一句俗语："卢沟桥上的石狮子，数也数不清。"卢沟桥是北京城外南郊的一座石桥，建于金朝，桥的两边装了很多石狮子，多得连北京本地人也数不清到底有几只。意大利的马可·波罗来到此地，叹为观止，把此桥写进他的《马克·波罗行纪》，却不知它的原名。

日本人也有类似的俗语：京都三十三间堂内的观音像，多到数也数不清。真的，您去问问日本人，恐怕没有几个日本人能告诉您，三十三间堂到底有多少尊观音雕像。

一、三十三间堂的由来

三十三间堂先后有三座，最早的一座由日本鸟羽天皇下令兴建，

↑ 三十三间堂正门

运用幕府武阀平忠盛的财力，于 1132 年建成的得长寿院，供奉观音菩萨，以求消灾及长寿。得长寿院后于地震中被毁坏。

在 1000 年左右，当时最有势力的将军是平氏，当时尚无幕府之名，只称将军而挟持天皇以令诸侯。天皇徒具虚名，将军才是实际统治者，天皇成为将军的傀儡。将军又称"太政大臣"，相当于摄政王，权倾朝野，财雄势大。天皇对其言听计从，奉命唯谨，无所事事，除了安享荣华，唯有拜佛与搞文学、音乐。

平忠盛将军死后，儿子平清盛继位，挟持后白河天皇，执政施令。后白河天皇崇佛甚于其父，自称护法天皇，逊位为僧后改称后白河法皇。平清盛假借天皇之命令，在法住寺原址，建造莲华王院三十三间堂，此为第二座三十三间堂。其规模宏大，于 1164 年落成，但于 1249 年被大火焚毁。后来于 1166 年重建，就是现在的三十三间堂，算来是第三座了。

平氏执政长久，后来被新崛起的源氏将军击败，源氏取代平氏执政。平氏将军平忠盛疏财建佛寺，也未能长寿，未能挽救子孙的灭亡。

源赖朝尽诛平氏，也毁了平氏家寺，还好并未毁坏三十三间堂。后世游客、香客得以参拜、瞻仰 1 001 尊观音雕像，却不知那是日本历史上权力斗争转换的遗迹。征战杀戮无数的平氏将军数代，对日本文化的贡献，恐怕也就只有这一座三十三间堂吧。

三十三间堂的名称来自建筑本身。古代木结构建筑，以四根柱子之间的空间为一间计算，因此，从平面看两根柱子之间为一间。数一下这个大殿的开间，正好是三十三间。为何是三十三间？因为与观音的三十三个化身对应。因此，人们称其为三十三间堂，反而将其本名莲华王院忽略了。

这座建筑和日本的观音信仰有着密不可分的联系。日本的观音信仰起源于中国的普陀山，盛行于奈良 710—794 和平安 794—1192 时代。至今，日本还有观音三十三道场巡礼等传统的信徒参拜仪式。东京的浅草寺也是一座主尊为观音的寺庙。406 年，鸠摩罗什译出的《妙法莲华经》属于流传较早和比较普遍的观音信仰经典，三十三间堂的正式名称为莲华王院，也就不难理解了。

这座建筑的里面供奉着世界上最震撼的观音像一共 1 001 尊，里面国宝佛像的数量共计 31 尊，是京都佛像第二多的寺庙。

丰臣秀吉于其北邻建方广寺时，一度加以合并；丰臣氏灭亡后，归妙法院管理，为日本仅存平安末期千手观音堂形式的建筑物。

二、千手观音堂

三十三间堂进深 17 米，南北长 120 米，是日本最长的殿堂。堂内有柱子 34 根，将殿堂隔成三十三间，故得名。堂正中供有一尊巨大的木造十一面千手千眼观音坐像，高约 3.3 米，左右两侧各有 500 尊高约 1.7 米的金色观音立像。主佛后面及走廊两端有木造二十八部众立像和风、雷等神立像。目前，其本堂之建筑及本尊，二十八部众立像，风神、雷神像，均被列为日本国宝。

三十三间堂以千手观音闻名遐迩，也是日本唯一的千手观音堂。

↑ 观音像

但见香烟缭绕，塑像壮丽典雅，栩栩如生，不愧为国宝。这座观音坐像就是湛庆晚年的代表作品。据说，现在两边1 000尊小像中还有9尊是湛庆的作品。湛庆的父亲是日本美术史上最伟大的佛像雕刻大师运庆。湛庆本人也是杰出的庆派代表人物。日本佛造像只要是"庆派"的作品，基本上都能够得上"重文"级别，如果是代表作品，那肯定就是国宝。

在源平战乱后，能够安定并团结日本民众的也只有观音的力量了。

三十三间堂与其说是佛寺，不如说是佛教造像馆：百余米长的大堂里林立的是1 001余尊千手观音像。这些木雕观音像，细看之下虽有微妙的分别，但大体都同样表情、同样立姿、同样穿着、拿着同样的法器。用几百年的时间，重复地雕同样的佛像，然后把它们都摆放在一起，这听起来简直荒诞。然而，亲眼见到它们丛立在肃穆的殿宇之下，自有一种梦寐般的不可思议感，似真如《华严经》所写千万佛国如莲花般层出不穷、次第呈现的庄严。观音立像群被大殿中央的本尊分为东西两部，它们面前则是一排以雷神起头、电神束尾的各色神佛造像。除木刻的身体姿态生动外，这些造像的特异闻名处是在眼睛，以多层水晶构就，外清内黄，瞳孔漆黑，生气流露，号称"玉眼"者。

↑ 名副其实的千手观音堂

金阁寺的奇妙方程式

金阁寺是日本室町时代（1336—1573 年）的建筑代表作。它位于京都市北区，是一座临济宗相国寺派的寺院。其本名鹿苑寺源自室町幕府时代著名的足利氏第三代幕府将军足利义满之法名。又因为寺内主要核心建筑舍利殿的外墙全是以金箔装饰，因此得到金阁寺的昵称。

一、建筑与园林的完美聚合

金阁寺是一座位于京都的古刹，它与富士山、艺伎并列为日本三大典型印象代表。这座日本国宝还被联合国教科文组织指定为世界

↓ 金阁寺

文化遗产建筑。金阁寺建筑物的外壁是用纯金箔一张张点贴的，显得金碧辉煌，富丽堂皇。寺顶耸立着象征幸福吉祥的金凤凰。寺的正面有个池塘叫镜湖池，与金阁相互辉映，连倒映在水中的影像也非常美观。寺内核心建筑为舍利殿，它是1955年重建的。舍利殿包有金箔，因此民间称之为金阁。金阁寺如今的格局和模样是在1397年形成的。当时，足利义满用自己家的一块地，换到了京都北郊的这块地，之后大兴土木，修成别墅。足利义满死后，该别墅改为禅寺，取名"菩提所"。金阁寺的建筑风格和园林特色体现了足利义满的造园格调与品位，它的华丽、不羁将所在时代的传统文化和新兴的文化融为一体。

与位于我国五台山的金阁寺相比，日本京都的金阁寺更显得名副其实。因为人们都习惯叫金阁寺，本名鹿苑寺反而没有多少人知道了。

金阁寺住宅式的建筑，配以佛堂式的造型，和谐幽雅，是庭院建筑的杰作，体现了足利义满吸收各种文化的格调与品位。这栋"四周明柱、墙少的建筑物"，使人联想起船的结构，而下面的一池碧波则给人以海的象征，金阁就像是一艘度过时间大海驶来的美丽的船。

金阁寺混合了多种文化要素。这里的建筑与园林融合为一幅图画：镜湖池水面宁静，蓝天、白云、金阁和绿松倒映在水中，色彩构

↑ 金阁寺远景

图之和谐，令人叹为观止。舍利殿的一楼是法水院，呈现的是平安时代的贵族建筑风格；二楼是镰仓时期的潮音洞，是一种武家建筑风格；三楼则呈现为一种中国唐朝风格的"究竟顶"，基本上是属日本禅宗的一种佛殿建筑。3 种不同功用、不同风格的楼层，却能在一栋建筑物上得到完美的统一和融合，展现出惊人的美丽。这大概正是金阁寺格外受到推崇的原因。除此之外，效仿自衣笠山的池泉回游式庭园里有许多风格别致的日式造景，它们与舍利殿相映衬，更突出金阁寺不凡的格调与趣味，使它成为室町时代最具代表性的名园。

二、绝世之美

金阁寺突然闪现在眼前时，它的光芒从眼睛照到了心里，特别地敞亮，令人不由得惊叹起来。在阳光的照射下，金灿灿的，青山碧水映衬着，仿佛身临圣境，会产生一种莫名的幻觉，怎么也不肯再把目光移开。

然而，在这种"和谐之美"的背后，却有一个"不和谐"的故事。1950 年，寺内的一位年轻僧人在金阁中自焚，并将金阁一同焚毁。三岛由纪夫根据这个事件写下了小说《金阁寺》。小说的主人公沟口的原形就是这位年轻的僧人，他幼时听父亲反复夸赞金阁寺的美丽，父亲亡故后，他入寺为僧，将寺院视为美善之地。然而，在这个美善之地，却发

↑ 金阁寺的和谐之美

生着许多丑恶的事情。在沟口无意中发现主持嫖娼后，主持竟要将他放逐，这时，想象世界与现实世界的冲突达到了极点，沟口自焚于金阁，从而结束了内心的冲突，也终结了这个美善与丑恶冲突的建筑。

读了三岛由纪夫的小说《金阁寺》，金阁寺在人们心中也仿佛不再是物体，而是观念，还是绝对的美的观念物。金阁寺入口的那扇竹门真是一扇门吗？

对沟口来说，金阁寺曾经"绝不是一种观念，而是一种物体。是一种尽管群山阻隔着我的眺望，但只要想看还是可以到那里去看的物体。美就是这样一种手可以触摸、眼可以清晰地映现的物体"（三岛由纪夫·《金阁寺》）。可是，当沟口可以天天看到金阁寺时，却一把火烧掉了它。"美的物体"的金阁寺却是他和现实之间的一种阻隔，破坏了他观念中的绝对的美。"人类容易毁灭的形象，反而浮生出永生的幻想，而金阁坚固的美，却反而露出了毁灭的可能性。"（三岛由纪夫·《金阁寺》）

三岛由纪夫在《金阁寺》中说道："人这东西，一旦钻在美里不出来，势必不知不觉撞进世间最为黑暗的思路。"在小说中，三岛由纪夫描述金阁寺是黑夜中的明月，是黑暗中唯一的光明的象征，是横渡时间之海而来的一艘美丽的船。在他的眼中，它已经不再是一处建筑，而是幻化为抽象的心灵符号，成为日本人心灵的故乡。

三岛由纪夫在《金阁寺》中描述这种对传统既爱又憎的奇妙心态，这在他看来，似乎用一般的真善美方程式是不可能完成的，加上他一向追求倒错美学，于是将金阁寺僧徒的思想和行为进行艺术上的提升。他要在美与丑、爱与憎的紧张对立中创造"死与颓废"的美，构筑自己独特的美学世界，好似一道奇妙的方程式。总之，三岛由纪夫笔下的《金阁寺》，就是以金阁与人生相比喻，写尽了美与人生、艺术与人生的悲剧。

对我们来说，看到了金阁寺，关于它的所有想象都不再神秘，金阁寺还原到它作为一座寺庙的本体上来。当然，金阁寺的凤凰依然仿佛是一种非现实的意蕴，可能这已与金阁无关。想象并非仅仅具象，某种如雾的气息依然飘荡。

桃源古韵
——银阁寺

顺着哲学之道步行大约 15 分钟，就看到了银阁寺。

↑ **哲学之道**

　　一进入寺门，就能看到精致的园林，在这里处处能感受到日本人认真的生活和工作态度，园林也被打扫得非常干净，使人不禁想起诗句："君不见世间万事皆儿嬉，不如聋盲百不知。双明阁上夕阳时，一笑二子闲争棋。"

　　银阁寺是把足利义政于文明十四年（1482 年）在东山山角上营造的东山别墅改成的禅寺。之所以称为银阁寺，是因为足利义政希望

↑ 银阁寺

用银箔装饰整个建筑外表，但是没能实现。在他去世后，别墅改为寺庙。该寺被改为临济宗相国寺派禅寺，名称也随足利义政的法号被命名为慈照寺，山号为东山。东山殿是模仿西芳寺而建立的，开山祖师是梦窗疎石。梦窗疎石是在该寺院创立前1个世纪左右时的人物，因此，被称作"劝请开山"。足利义政在寺内兴建了观音殿，被通称为"银阁"，因此寺院全体被称为"银阁寺"，这一名称与同在京都的金阁寺（正式名称为鹿苑寺）相呼应。

1473年，室町幕府第八代将军足利义政将将军职位让于嫡子足利义尚，从1482年开始，在东山的月待山麓开始建造东山山庄（又称东山殿）。这一地区还建有一所净土寺（在应仁之乱中被烧毁），因此近代以后，该地区被称为左京区净土寺。应仁之乱平息后不久，京都地区民生凋敝，经济疲困，但是足利义政为了继续建造东山殿，仍大肆向百姓征收税金和课以劳役，独自过着风雅安逸的奢华生活。东山殿的建造共耗时8年，直到利义政逝世前不久才正式完工，但足利义政在1483年就急于迁至此处居住。东山殿内建有会所、常御所等大规模设施，尽管无法与足利义满建造的北山殿（后来的金阁寺）相媲美，但也具备了一定的政治功能。然而，保存至今的建筑物只有银阁和东求堂。

寺院以水池为中心设有观音堂银阁、持佛堂、东求堂等建筑物，广受当时读书人的喜爱，虽然荒废过一段时间，但是17世纪中期开始，恢复了昔日的风光。银阁是长享三年（1489年）建设的两层楼阁，下层是东洋式书院，上层是禅宗的佛堂。东求堂是祭祀守护神的持佛堂和书房并兼的建筑物，是 1486 年修建的。位居在东侧的同仁书房设有最古老的付书院。以水池为中心的名石、树木和石组，凝聚着工匠的心血。

↑ 东求堂

1490 年 2 月，为供奉逝世的义政的化身菩提，东山殿被改为寺院，后作为相国寺的末寺，创立为慈照寺。日本战国时代末期，慈照寺也曾被关白近卫前久当作别墅，这是因为慈照寺的历代住持多出自近卫家。近卫前久死后，慈照寺作为相国寺的末寺，再次兴盛起来。

从慈照寺寺门到庭园的入口处的道路两边，保存有围墙遗迹，被称为"银阁寺垣"。这座寺院属于临济宗。以"公案禅"著称的临济宗传日之后，因为重视言外之悟，对诗、画、茶道、花道都致力颇深。不知是否为此缘故，此寺颇以园林著称。其最核心的部分是围绕"银沙滩"（用细砂堆起的半亩方圆沙庭，上面犁出了整整齐齐的竖条纹）建构的银阁、本堂和东求堂，号称国宝。游人只能坐在本堂前的廊下看面前的"银沙滩"。银阁寺庭园是以锦镜池为中心的池泉回游式庭园。庭园建造的初期模仿了通称为"苔寺"的西芳寺庭园（由梦窗疎石设计），但在江户时代（1603—1867 年），庭院被大规模改修，失去了原来的面貌。"银沙滩"和"向月台"两处沙砾造型是在江户时代后期成型的。此外，1931 年被发掘的枯山水庭园，位于东方山

↑ 慈照寺

麓，据说保留了室町时代的风貌。

　　银阁是在足利义政的山庄东山殿内建造的观音殿，后经常被用于和足利义政祖父第三代将军足利义满建造的金阁对比，因此得现名。该楼于 1489 年开始建造，同年不久即完成。正式名称为"东山山庄观音殿"。其建筑结构为双层结构、柿葺，平面为长方形，正面宽 8.2 米，纵深 7 米，底层的心空殿为普通住宅风格，上层的潮音阁为方形三间（正面侧面均为三间）的禅宗式样（唐样）的佛殿。虽然鹿苑寺金阁名副其实地在建筑物表面贴上了金箔，但是银阁却没有贴过银箔的痕迹。关于这一点，有种说法认为，起初建造者计划使用银箔，但后来由于政府财政窘迫，没有按计划完成。也有说法认为，由于该楼是足利义政的隐

↑ 银阁寺垣

居场所，因此起初就希望使用木材原色，而没有使用银箔的计划。慈照寺的庭园内配有众多名贵的石材和树木，体现了当时东山文化中注重茶道和禅宗文化的思想，因此也有人认为贴银箔更符合当时文化的风气。

东求堂作为义政的佛堂和茶室，建于 1486 年。该楼面对水池，正面宽三间半，平面为正方形，左面为方两间的佛殿，右侧为义政的书房和茶室（称作同仁斋）。书斋北侧的付书院是现存最古老的座敷装饰风格的房间，是日本书院造和草庵茶室的发源，被视为日本建筑史上宝贵的遗产。

↑ 银阁寺庭园

寂光院的"时光走廊"

寂光院是一间历史悠久的寺院，位于京都北方，靠近大原的村庄。这座寺院与世隔绝，环境十分僻静。斑驳的石阶蜿蜒在古老粗厚的树群之间，一路通往正门。这里弥漫着一股微微的忧郁氛围，或许与它的一段悲伤故事有关。

↑ 寂光院

据传寂光院是 594 年由圣德太子所建。1171 年，平清盛女儿平德子嫁入皇家，贵为高仓天皇的皇后。但在 1185 年平源两氏战争中，平氏全族被灭，平德带着 8 岁的儿子安德天皇（1180—1185 年大位）跳海。儿子死了，她却获救，后来削发为尼，最后在寂光院隐居，惨度余生。寂光院是位于日本京都府京都市右京区的日莲宗寺院，山号

"小仓山"，供奉的本尊为十界大曼荼罗，开基者为日祯。据说，该寺院的原址曾是歌人（即和歌的创作者）藤原定家的山庄"时雨亭"，现在为京都市最著名的旅游景点之一。

寂光院坐落在静谧的小仓山麓，相比京都其他的寺庙，这里很安静，当年开山僧人就是看上了它的幽僻，才在此修建适于隐居修行的寺院。对于游客而言，前往寂光院的最佳时节是秋天，因为这时满山的绿叶就会变成红叶，一重又一重的枫叶将人从山门送至灌木中的多宝塔，从这里可以俯视京都市。远远望去鲜红、粉红、猩红、桃红，层次分明，在瑟瑟秋风中，似红霞排山倒海而来，整座山似乎都摇晃起来了。又有松柏点缀其间，红绿相间，瑰奇绚丽。寂光院是京都三大最著名的赏枫寺院之一，每到秋天这里总是游客不断，其中也不乏背包的外国游客。春天的寂光院是京都的第一眼绿，清幽的柔软的，立马让人放松以及深呼吸起来。阳光从树叶间洒下，很美很美。它的绿不沉郁不暗淡，是明媚欢快的，层层叠叠，安静悠长，与寺庙组合在一起，是那样令人心醉嘴角含笑，甜蜜而美好。

↑ 浑然天成的寂光院

寂光院并没有一座出名的金阁，或者充满禅意的院子，可是寺、院、林浑然天成。寂光院内有名著《平家物语》中描写的本堂、书院、弁天堂等诸多古迹。寂光院最为著名的是院内的日本庭园。与其他庭园相比，寂光院的庭园更显精巧别致，雅趣盎然。由环游式庭园的正面的任何位置均可观赏到三层瀑布的精彩水景。汀之池、汀之樱、翠黛山以及秋季满山红遍的自然景致似乎更勾人回忆往昔《平家物语》中历史人物的动荡命运。

　　12 世纪末，平安王朝已进入了尾声，天皇与贵族掌握实权的中央集权制日益衰落，拥有领地和私人武装的封建武士集团全面抬头。源氏和平家作为在朝廷和地方都握有重权的两大武士集团，因盘根错节的复杂恩怨以及对统治权力的觊觎，终于在 1156~1185 年爆发了激烈的战争。《平家物语》以史书编年体为主轴，站在平家的角度，详细叙述了源氏和平家争夺权力的全过程。

　　当时，平忠盛发迹，由武将擢升为朝廷重臣。后来，其子平清盛当上太政大臣，平家满门荣华，显赫一时，令世人钦羡赞叹。但平家在掌权之后，迅速腐化堕落，骄奢霸道、为所欲为，上不敬天皇，下不恤百姓，破坏佛法，使朝威陵夷，恶事做尽做绝，引来朝野上下极大不满。法皇和旧贵族密谋倒平，但因事机不密而失败。

　　平清盛因热病辞世后，由于长子平重盛已先他死去，只好由资质平庸的三子平宗盛继承家业。平宗盛的魄力和才干远不及父兄，更缺乏强悍的个性，无力应付此起彼伏的叛乱，平家开始盛极而衰。这时，身负血海深仇的各地源氏后裔，经过多年积蓄力量，蜂起举事。除镰仓源赖朝外，有"旭将军"美誉的木曾义仲也在北陆崛起，起兵讨平，以风卷残云之势率先攻入京都，迫使平家举族撤往西国。

　　源赖朝为绝后患，搜捕残害平家血脉。安德天皇的生母建礼门院（即平德子）在绝望中出家为尼，最后于大原寂光院中了却余生。

　　源、平两家的这种争霸，实质上标志着古代贵族政治的崩溃，新兴的武士阶级夺取政治实权，从而使日本社会进入由武士阶级统治时代的巨大转折。

禅都物语——京都历史建筑图说

无中生有
——枯山水庭园

枯山水庭园是最具日本韵味的独一无二的集象征性与抽象性为一体的"石庭"式建筑，它在东方园林史上占有重要的位置。其风格系以白沙、石头为庭园之主体，在无水之处见水，无山之处见山，无草木之处见草木，表现一种"无"与"空"的超自然的艺术境界，所显示的是一片幽玄、物哀和寂寥的苍茫野致。

"枯山水"的称谓最早见于平安时代刊行的《造庭记》，即"在无水的池子中筑起山石而谓之枯山水"。枯山水庭园主要是以石头、白沙、青苔为基本元素构成，"岩石青苔，寂之所生"，因而它在精神上有孤独、高古、淡泊、纯正的审美意识，与禅宗"无为""无一物""万

→ 南禅寺永
观堂庭园

象一如""本来无一物"相通。枯山水作为日本最具民族特色的写意表象的自然缩影景物，最初是基于佛教思想和道禅权学为造园基本理念而拉开了日本的须弥山庭园和蓬莱庭园的序幕，其本质具有浓厚的象征意匠和抽象意义的超自然宿命。它站在将现实世界视为虚幻之影的精神立场上，看世上万物皆有"物我合一""心物一如"的本然之心。

日本枯山水庭园融日本物哀美学、禅宗思想、茶道艺术于一炉，是自然美、艺术美高度统一的综合艺术。园林是人生命的寄托与象征符号，日本枯山水庭园以独特的园林艺术形式，映射出的是造林人借园林来净化、提升自己，并将天地之间的无限生机和博大雄奇收纳于一方一寸之间的一种自觉的超越情怀。

日本园林在借鉴和模仿中国造园手法的基础上，结合本民族传统文化，注重人与自然的一体化，追求人与环境的和谐共生，强调从细微抽象的具体事物和人文环境中体现出人的"无为"意象，创造了独具一格的日式园林形式，形成了自然生动、细致精巧、以意匠而闻名于世的日本庭园模式。日本园林讲究"大处着眼，小处着手"的设计理念，使每一处园林景致的设计都蕴含着日本传统的精致、素雅、幽寂的审美特征。

↑ 富有禅意的日本园林

枯山水庭园大多为禅僧造园家所造。在"立石僧"中，禅学国师梦窗疎石有枯山水鼻祖之誉，其设计的京都西芳寺最负盛名。可以说，真正意义上的枯山水是从镰仓时代开始。梦窗国师受后醍醐天皇之命将西芳寺建造成青苔如茵的净土宗风格的池泉式和枯山水合二为一的著名庭园。他以禅宗的幽玄、素朴、自然、清净为筑庭理念，使它成为日本美术史上临济禅宗枯山水庭园风格的开山之作。

　　日本自古以来对海水存有特殊的情感，在以往的庭园建造中，水是庭园灵魂的象征。然而，在枯山水庭园中，造园家匠心独运，善于打破常规，一反"无池水不成园的传统"，巧妙地用白沙来取代池水，用来象征茫茫大海，在无水无池的园内，点缀或散置山石，幻化出缓慢起伏的山峦或一望无际的大海等景象。因园中的池水被白沙替换，故自成一体，极具抽象意识。大小不一的"雌伏"石头依稀述说着其空间的调和与寂静，而在不经意间留下的一大片余白，则让世人去充分发挥自己的想象力。

　　因此，有人说，枯山水园林是禅和中国水墨画等的结晶，是园林造型中高度诗化的产物和象征意义的极端表现，被誉为"无柱轴的山水画"。众所周知，东方传统的水墨画就是在画面上留下大片的余白，

↑ 桂离宫大庭园

这种空白不是人们通常所谓的"无",而是充实补充整幅作品内容的"有",即虚中有实,白而不空,应把"无"看成"有",这跟中国古代传统文化有着非常密切的关系。无论是花卉还是禽鸟或是山水以及禅宗的简笔水墨禅画,都是通过作品中的"空白"来表现未尽的韵味,从空旷的"无"中创作出超然物外的艺术物象,它是从"无"中窥见最大的"有"。这种传统水墨画的留白是抽象意念想象的极致空间。梅、兰、竹、菊"四君子"有着极其深远的象征意义。墨兰表现的主题思想不在于花、叶,而在于抽象的寓意,隐喻其人格与理想的清高宿古,孤寂地散发出阵阵幽香。

日本枯山水庭园追求禅宗的空灵寂静,朴素虚幻的"无"的意境,见山水树木于无形,得大彻大悟于空相,即"一沙一世界,一叶一菩提"的禅学理念,使禅僧自身与枯山水庭园结为一体,成为"物我无别"而共同进入禅家的觉悟的世界,其充分显示了"佛我一体""万物如一"的禅化境界。例如,京都大德寺的大仙院就是较为典型的抽象意义的枯山水庭园。它们没有像其他园林那样山石林立,曲水萦绕,仅在矩形的空间内散置数石,平铺白沙,使整个庭园营造出一种独具神秘色彩的幽玄与寂静。而白沙、岩石又以其独特的象征意义,成为造园时必不可少的两个重要素材。在枯山水园林中,以白沙象征海水,有的海水看似风平浪静,有的却看似波涛汹涌,都是通过白沙的直线波纹或曲线旋涡的各种造型来表现。

提起枯山水庭园艺术,不得不提到坐落于京都市右京区的龙安寺庭园。就枯山水石庭园而言,它"枯"得最为彻底,其

↑ 京都大德寺的大仙院

↑ 龙安寺的枯山水庭园

构思之奇涉及内涵之深邃，令人拍案叫绝。庭内构件少之又少，除了遍布庭内的白沙以及其石边少许青苔，空无他物。

此处，石庭将禅的"一即多，多即一"的禅学思想体现得淋漓尽致。虽无一草一木，铺满的白沙却象征着一望无垠的大海，15块大小不同的山石，分别以7块一组、5块一组及3块一组的形式分布于白沙之上，显示出一种高度概括写意和极端抽象的表现技法。此庭展现出的是一幅无色彩的水墨画卷，空灵而寂寥，给人以极其"枯"的断肠之情感。这里隐含着与人的精神相对立的是万古寂然的大自然的缩影，这是禅所要到达的空寂、冷清和幻灭的境界。它通过体验去感悟人的生命与自然的"寂之声""寂之色""寂之心"的"物我合一"的枯山水庭园的内在奥秘。

其实，岩石在日本枯山水庭园中占有更重要的地位，它与沙子的属性相同，也是东方美学中的一个重要标志性物象。东方园林都离不开借石造景，可以说无石不成园。置石造景在日本园林中的地位更是不可替代，这一点在枯山水庭园中的表现尤为突出。岩石可以说是石庭的枯山水的灵魂所在。

枯山水艺术的置石，除了上述的抽象意义的庭园意匠外，在同一枯山水庭园中也经常选取一些奇形怪状的"陋石"来进行精心设计与组合搭配，构置成别具一格的具象派的枯山水石庭。例如，京都大仙院的枯山水除了用抽象派手法置石，同时用具象派的手法设置成峰回百转、重叠交错的山岩，巍峨挺拔中现出一种危峰突兀的景致，构成一幅巧妙的图画，达到了美妙的视觉效果。这也佐证了日本文化追求在畸形丑陋中发现美的价值。石庭中的山之石，经过人格化被赋予了某些特定的意义。高高耸立的山石象征着须弥山，峭壁间的石组表现为深山峡谷，湍流的枯山水瀑布自上泄流而下，穿越石桥，流经堰堤，直奔大海。在石庭中，每一块岩石都象征着不同寓意的物象，或是象征着某座岛屿，或是象征着某条河流中隐喻的岩石。每一块岩石的布置看似随意，但它们并非相互分离、各自独立，而是彼此相望，或者是作为不孤独的形态矗立在那里，展现出自然山川的壮观景象。这种设计曾被称为禅宗禅院式枯山水的经典布局，也是室明时代最具代表性的枯山水石庭建筑之一。正如美学家江裕雄所说："艺术由具象出发，经由意象而引人悟道，入于天地境界，是天人的合一，是宇宙永恒意义和人生永恒意义的合一。"由此可见，枯山水庭园通过抽象意义的形态将有限寓于无限之中，园内一景一物体现更多的是一种人文意象，追求的是一种精神顿悟。它将空灵的虚无意境和超然物外的空寂发挥到了极致，不愧为世界园林艺术中的一朵奇葩。

↑ 京都大仙院的枯山水

菩提本无树
——西本愿寺

西本愿寺是日本京都最大的寺院，为日本佛教净土真宗院派总寺院。真宗院派在日本国内及世界各地拥有 10 500 所寺院，1 200 万的信徒。该寺院是一座城郭一样的大寺院，四周土墙环绕，门前的河流被顺势修成了护城河。

↑ 西本愿寺

西本愿寺宏伟壮丽，富丽堂皇，其建筑保存着中国盛唐及宋元时代的风格，宏伟的建筑群和宽敞的砾石广场与其显得较为简朴的入口大门形成了鲜明的对比。

西本愿寺著名的两堂为广场右边的御影堂和广场左边的阿弥陀

堂。其中，御影堂为僧侣和信徒们的聚集地，它正对寺院大门，殿前是开阔的广场，上面铺满白色的沙石。御影堂由长长的走廊连接，要先在阶梯下脱掉鞋子进入以示尊敬。光可鉴人的木地板，泛着冷冷的日光，头上是金灿灿的莲花灯，一旁是间隔有致的木门，一扇连着一扇，仿佛望不到头。远远看去，寺门之外是喧闹的人群、连绵的车流、繁忙的工地，而一墙之内，却是绿树成荫、流水淙淙、宁静致远的清净佛地。无怪乎许多人都放下手中杂物，在廊下觅得一角，舒适地坐下来，尽情眺望。

→ 御影堂

　　西本愿寺的唐门、北能舞台、白书院、黑书院、飞云阁等均是绚丽桃山文化的精华荟萃。

　　唐门是日本著名国宝，雕梁画栋，异常地绚烂精美，以丝柏的树皮铺成，其上布满桃山时代（1585—1603 年）豪华的装饰雕刻，为唐式山形墙上人字板的四柱门，属伏见城的遗址。唐门的门板饰有各种颜色鲜丽的吉祥花鸟虫兽，正是绚烂豪华的桃山时代的艺术风格之杰作。唐门正面雕饰有唐代造型风格的狮子，侧面雕刻着中国古代尧舜禅让等故事。精彩的雕刻令人目不暇接，让人从早看到晚而忘了时间的流逝，故有"终日门"之称。

一入唐门，就是虎溪庭园，是枯山水庭园的代表。内部的建筑非常奢华，它们是从丰臣秀吉的宫殿——伏见城迁来的，装饰为华丽的桃山风格。池边有石笼、古树，池的另一边是形状奇特的木制长廊，有弧度，但不是很长，通向园内的建筑。大书院庭园面积达 760 平方米，不用一滴水，而是用石头、白沙和草木等材料来表达山川、海洋景色的一种"山水庭园（枯山水）"式的奇妙景观。白沙堆成的大海上分别修建了代表鹤和龟的两座小岛，正面有一座假山。正对左侧的景观只用石头堆砌而成，宛如穿越深邃的溪谷飞流直下的瀑布一般。这座庭园所使用的石头都是从 16 世纪末期统治整个日本的丰臣秀吉的宅邸聚乐第运来的。尤其是架在鹤岛和龟岛之间的长达 4 米的石桥，其长度充分显示了当时日本的最高统治者丰臣秀吉心中的自豪。

顺小径向前不远，来到滴翠池前，正前方就是园中的主体建筑飞云阁。飞云阁与金阁、银阁共称为"京都三阁"，是日本的国宝。飞云阁是 3 层楼阁建筑物，它的外观奇特，底层仅是黑白两色的楼阁，

↑ 唐门

↑ 虎溪庭园

↑ 飞云阁

中间一层有着桃山文化的绚烂饰物及黑白装饰，第三层则全是桃山风格。其内部甚至有功能齐全的蒸汽浴室。飞云阁之旁是石桥、长廊等一组建筑，为日式庭园风格。飞云阁是西本愿寺高僧修禅所在，里面洋溢着深深的佛家之禅意，比其他寺园要浓厚得多。寺庙内部的装饰非常奢华，一扇一扇的大门打开，展示一个接一个的隔间，昏暗的灯光下，处处闪烁着微微的金色。每个屏风、透气窗和天花板的表面都镀上了一层金箔。梁上是古色古香的绘画，有风景、松树和鸟。偌大的内殿，除了巨大的柱子，再无其他臃繁的家具，空旷无比。舒适的榻榻米地板，任人坐跪，或礼拜或冥想，忍不住浮想联翩。时常会有神情肃穆的僧侣，手拈莲花结，寂静无声地从身前鱼贯而过。他们黑色长袍的下摆，拂过平滑的编席，发出窸窣的声音。

黑白合璧
——南禅寺

　　南禅寺是京都名刹之一，为临济宗南禅寺派的大本山，正式名称为"瑞龙山太平兴国南禅禅寺"。

　　1291年，龟山法皇改其离宫为寺，称南禅寺，迎请无关普门为开山祖师。其后，诸堂、子院逐渐兴建完成。作为天皇中首位皈依禅宗的法皇，龟山法皇亲撰愿文，并规定日本最优秀的禅僧为南禅寺住持。故南禅寺住持成为超越法系、流派的最高禅僧的代名词。一山一宁、梦窗疎石、虎关师炼、竺仙春屋妙葩等高僧大德前后被委以历代住持。1369年，因与延历寺屡有纷争，山门遭受破坏。1386年，足利义满制定京都、镰仓五山十刹之位次，列此寺为天下第一、五山之上。因1447年和1393年大火及应仁之乱（1467—1477年），南禅寺几近荒废，但在江户初期奇迹般得以复兴。现在仍可从巍峨耸立的三门楼上俯瞰京都。南禅寺因与德川幕府关系密切得以重建

↑ 南禅寺

和兴隆，从楼上可以望见御所的结构，似乎蕴含着某种意图。

寺内有南禅院、天授庵、归云庵、金地院、听松院等别院。寺宝有龟山法皇宸翰《禅林御起愿文案》一卷、绢本着色大明国师像、绢本着色释迦十六善神像等。

↑ **南禅院**

敕使门，1641 年，受明正天皇赏赐，将御所的"日之御门"迁移而来。只有在敕使来寺及住持的升座仪式等重要活动时，敕使门才开启。

三门是表示佛法修行大彻大悟的三座门：空门、无相门、无作门。南禅寺的三门号称"天下龙门"，上层楼阁名为五凤楼，高22米，为日本三大门之一。1628 年，藤堂高虎为超度在大阪夏之阵中阵亡的本族人、家丁的亡灵而重建并捐献。

法堂供奉有释迦三尊像，地面全部以砖铺就，榉树圆柱林立，藻井绘有蟠龙。

居所，其黑白合璧呈几何学式的美感及贯通天井的横梁，显示出禅宗寺院的特色。

除了传统的伽蓝建筑，南禅寺境内还有明治时代的优秀建筑水路阁。水路阁于 1885 年始建，1890 年竣工，是从滋贺县大津市琵琶湖（日本最大的淡水湖）引水到京都市内（被称为"京都市疏水事

↑ 南禅寺三门

业"）的线路的一部分。当时，西方建筑技术刚传入不久，水路阁由日本人设计、施工，被认为在日本土木技术史上有着重要意义。1983年，水路阁被评为"京都市指定史迹"。水路阁以红色炼瓦砌成桥梁形状，作为京都市近代建筑的代表，与南禅寺古色古香的伽蓝建筑相映生辉。到南禅寺来访的观光客，也必到水路阁来一睹风采。

↑ 水路阁

一休大师的禅修之处
——大德寺

大德寺创建于 1325 年，位于京都市北区，是洛北最大的寺院，也是禅宗文化中心之一，其中尤以茶道文化而闻名。大灯国师为开山祖师。大德寺建成后即成为派祖宗峰一流的"相承刹"（即徒弟院、子孙庙），也曾一度是日本南北两朝的敕愿道场、十刹之一。室町（1336—1573 年）中期，成为"林下"地方上的大寺，有别于京都、镰仓两地的官刹。

一、神秘与恢宏的所在

大德寺正如历史上描绘的那样，大德寺是一处神秘与恢宏的所在，那些建筑所透视出来的年轮感与沧桑感，依然是那么强烈，置身其中，令人遐思。这里的禅、茶、诗、文、画，颇有博物馆之博大。此外，自然之美、人文之美，令人流连忘返。历史上，高僧辈出，其中有一个吸引人的名为"一休"的禅师在这里生活和中兴过道场，他的传奇故事为这里平添了无限的魅力。

川端康成在《美丽的日本和我》里写道："在这里，我之所以在

↑ 大德寺

'一休'上面贯以'那位'二字，是由于他作为童话里的机智和尚，为孩子们所熟悉。他那无碍奔放的古怪行为，早已成为佳话，广为流传。他那种'让孩童爬到膝上，抚摸胡子，连野鸟也从一休手中啄食'的样子，真是达到了'无心'的最高境界了。看上去，他像一个亲切、平易近人的和尚，然而实际上却是一个严肃、深谋远虑的禅宗僧侣。"

大德寺派是日本临济宗十四派之一，本山在京都紫野大德寺。宗派始祖是大应派南浦绍明的法嗣兴禅大灯国师宗峰妙超。妙超在绍明圆寂之后，闲居于洛东云居寺。1324 年，他得赤松则村父子的护持，于洛北紫野建法堂。1326 年闰正月，随南禅寺镜圆，于清凉殿与睿山玄惠、东寺虎圣等人斗辩宗论，深得玄惠的信服。玄惠遂舍私宅建方丈，并于 1326 年四月举行开堂式，此方丈即龙宝山大德寺。

进入室町时代，由于应仁之乱等一系列的战火，使大德寺的伽蓝焚毁殆尽。一休宗纯禅师得到社会各界的援助，再建了大德寺并修复其伽蓝。一休禅师弟子中的一人曾居于茶道之祖村田珠光处，从而开启了大德寺与茶道的渊源。

丰臣秀吉曾在寺内举行织田信长的葬礼。被定为国宝和重要文化财产的建筑物的大伽蓝是战国时代的大名捐赠的。寺内共有 21 座塔头，拥有茶室、园林、门画等许多文化财产。大德寺内唐门、使门、三门、佛殿和法堂林立，其中大德寺本坊（每年数日定期开放）殿堂内江户时代（1603—1867 年）著名画家狩野探幽的壁绘作品《猿图》精彩动人，难得一见。大德寺内庭方丈为日本国宝。

二、大仙院的枯山水庭园

规模巨大的临济宗大德寺，于室町幕府初期开基，一代名僧一休宗纯曾在大德寺担任住持。战国时代（1467—1585 年），因丰臣秀吉在大德寺为织田信长举行葬礼，之后，诸国大名纷纷在大德寺周围开辟土地，建立起众多的塔头（高出水面的水墩）寺院。大仙院是大德寺最早建立的塔头。

入内参观，大仙院地方不大，绕一圈很快便看清了寺院格局。主

↑ 大仙院的枯山水庭园

体建筑方丈正殿的 3 个方向都围绕着枯山水庭园。但这 3 块枯山水庭园并不是独立的个体，而是互相关联的整体。

在正殿的西北角有一方水流之源的庭园主石。主石根据高低大小，一层层地往下形成 3 层瀑布，白沙象征着水流，从高山幽谷中流下来。其中一股水流形成的小河缓缓流向东面，在一道隔墙下方通过，隔墙之外有一块船形石，就好像来往行驶的小舟；另一股水流流向南面，激流撞击着白沙地中的岩石，产生一圈圈的波纹。激流在正殿的西南处再次被隔开，在这里平静下来，流向东方，成为广阔的海洋，海洋之中的两处砂石堆象征着幸福的彼岸。这座狭小的大仙院庭园，包含了枯山水中白沙、青苔、奇石乃至石上青松的各种元素，通过模拟自然界的高山、流水、岛屿、瀑布等景象，向我们展示了深刻的禅宗意境。

三、高桐院的枯山水庭园

大德寺高桐院的庭园，是被称为"枫之庭"的名所，也是将简约、质朴发扬到极致的枯山水庭园。

高桐院的参拜甬道两侧也种了很多枫树，再往外又是密密麻麻的竹林和杂树，随意搭起的树枝篱笆颇有情趣，甬道的石板路两旁也都有一道连绵到入口处的苔地。这里充满着深浅不一的绿色。

高桐院本堂南面的庭园仅仅是一块连成片的苔地和坐落在苔地之中的一个悄无声息的石灯笼，除此之外，别无他物。可这的确是个大有意境的枯山水庭园。试想在一个温暖的下午，当我们走到这里，只想安静下来，坐在廊下深深地注视着庭园，抛开世间琐事，体会"浮生半日闲"的境界。

庭园连围墙也没有，它面对着一大片竹林，竹子非常密集，地上见不到阳光。竹林最接近庭园的外围栽满了枫树。春天，枫树的枝头会正朝着向阳一面尽情舒展，排列整齐的枫叶呈现出明暗交错的色彩。可以想象到，在红叶摇落的季节里，置身于高桐院的庭园，眺望着散落鲜艳红叶的柔软青苔，是何等的令人陶醉。静静地坐在廊下观看庭园，庭园如同废园般地寂静，空气中飘荡着深幽的古色。我们与庭园共呼吸，沉浸在午后的时光流逝之中。

↑ 枫之庭

宫殿篇

夏季昼长，尚未到夕阳晚照的时分，还不是一抹寂寞的天色。上空燃烧着璀璨的红霞。

——川端康成

千年中枢
——京都御所

    京都御所是日本唯一的现存古代宫殿建筑，作为日本国的象征仍保持着独特的天皇时代的气息。

    京都御所的前身是作为平安京的中心而建设的平安宫。794年，桓武天皇仿中国唐长安建设了平安京。平安宫也是仿唐朝宫殿——大明宫而建。

    后来经过多次的迁居与改造，平安宫建筑已经不见了。但是，京都御所是平安宫变了样的面貌，它每改造一次，其布局就脱离原来的面貌而失去了作为政治场所的功能，如在紫宸殿前面建造戏台等。复兴平安宫的对象只是紫宸殿前庭，就是外朝与御所建筑的一部分而已，把它改为对称和上朱漆的平安式建筑，但内廷的建筑布局没有明显的变化，还是原来的自然布局。从这点看来，平安宫的痕迹在京都御所的外朝还有一些。因此，中国的宫殿到最后一直保持了中轴线对

↑ 京都御所

称的形式，其与日本宫殿平面布局的特点，即对称与自然的混合形式相比，有很明显的差别。

一、总平面布局

京都御所里天皇的居住场所一般叫作"内里"。京都御所的建筑平面图的东北地区稍微亏缺一些，几乎呈长方形状。京都御所的外门总共有 6 座大厅，围墙的南边、东边与北边各有 1 座，西边有 3 座。此外还有简单的小门，叫作穴门，是日常使用的通门。南边有京都御所的正门建礼门，它在稍偏西的地方，它与紫宸殿有一条明显的南北向轴线贯穿。在这条轴线上，入承明门后，有一座紫宸殿。从紫宸殿两侧伸出的回廊形成的方形的空间是京都御所的外朝，占总面积的1/4。外朝的南部就是内廷，以紫宸殿为中心的外朝形成左右对称的建筑布局，但内廷没有轴线，布局随意。北边的朔平门也不在从建礼门延伸出的轴线上。

关于总体建筑布局，只有紫宸殿一组院落基本是对称的，其余的极其错落。主要建筑物向东北方延伸，依次是小御所、御学问所、常御殿、迎春殿、御凉所、御花御殿等次要的仪典性的或日常起居、读书、宴乐等用的建筑物。它们朝东而建，东面是花园，夏季可以得到主导的东风。西部大都是次要的或者服务性的建筑物。皇后用的一组殿堂在北端。

二、建筑形式及结构特点

现存的御所建筑群组是安政时期（1854—1859 年）内里营造时建造的。由于安政期的营造是根据实现平安宫复兴的宽政期营造时的设计图而再建的，所以现存的建筑各部分还能看到平安复兴的特点。但因为当时的考证与营造技术有限，所以实际上，京都御所的建筑样式保持着从平安时期到江户时期的混合样式。

关于建筑样式，京都御所建筑里较常见的样式有两种，即以平安时期的贵族住宅为起源的"寝殿造"和从武士住宅发展的新样式"书院造"。天皇的居住场所也随着时代的变化而变化，选择了新的建筑

↑ 紫宸殿屋顶结构

样式。因此，后代的天皇选择住在适合新生活方式的书院造的宫殿不足为奇。值得注意的是，宫殿建筑采用的书院造与武士用的并不完全一样，在京都御所里看到的是变形书院造。

1.紫宸殿

紫宸殿是京都御所的正殿。在紫宸殿前庭人不仅举行天皇即位等公共仪式，还举行皇族的宗教祭祀等私人仪式。如前所述，原来平安宫设有举行公共仪式的朝堂院，不设朝堂院后，紫宸殿承担了所有的任务。

紫宸殿是典型的寝殿造正殿的样式。宽政时期（1789—1801 年）改造时，紫宸殿是按照平安初期的样式营造的。其平面朝南，左右对称，面阔 9 间，进深 3 间。除房檐间外，每个房间的东西两端各加一间披厦。其平面形式是跟寝殿造的正殿同样的厅堂形式。里面陈设着天皇与皇后的御座"高御座"与"御帐台"。在紫宸殿的御座背后金柱之间的障壁上，画着中国从周初到唐代的 32 个名臣的立像，叫做"贤圣障子"。铺的地板看不到钉头，叫作"拭板敷"。紫宸殿不镶天花板，叫作"化妆屋根里"。殿前设有 18 磴的木制台阶。正面台阶的上面挂匾额。除了紫宸殿与茶室内以外，在京都御所里没有挂匾额的建筑物。

紫宸殿的屋顶结构特点是在正房与房檐的接合处有断坡，叫作"菖"。屋面全葺桧树皮。天皇用的或其他高级的建筑只能用桧树皮葺屋顶。木材料都是丝柏，高床式地板。所有的柱子都是圆柱，用二重虹梁。外檐的柱子为暗红色，内檐全用白木，叫作"素木造"。檐下有七彩斗栱，叫作"二手先斗栱"。紫宸殿与主要的大门是唯一用斗栱的建筑，在斗栱的断面涂着白灰泥，起到防腐的作用。

在紫宸殿构件里，只是平面、墙垣、门等准确地再现平安宫，其他的二手先斗栱、二重虹梁、葺是没有在平安时代（794—1192年）用过的。这些部件都是江户时的技术制作的，尤其是二手先斗栱的使用是为了抬高建筑的高度。随着紫宸殿平面的扩大，其高度也需要更高。

从紫宸殿的两侧伸出了朱漆的回廊，连接了与紫宸殿相对的承明门以及与紫宸殿东西对称的日华门与月华门，形成了方形的庭院。铺上白沙，紫宸殿前面的东西两侧植"左近之樱花"与"右近之柑橘"。紫宸殿前面铺白沙，是为了尽量把日光反射到殿里面的办法。承明门、日华门与月华门都是在石造台基上，"切妻造"瓦顶。它们的形式是再现平安宫宫殿最明显的部分，而且朱漆的回廊与门围绕不施彩绘的紫宸殿，如此组合，让其空间显得更加神秘。

2. 清凉殿

平安时代中期，天皇开始在清凉殿居住。但天正内里营造时，原来清凉殿的一部分"常之御座所"独立成常御殿后，清凉殿开始加强仪式场所的特性。

宽政时期的平安复兴时，按照平安后期的样式营造的与皇后御所的飞香舍，是京都御所仅有的两所保持平安宫风格的建筑，典型的寝殿造。但这些古典样式也并不完全，如天皇休息的地方夜御殿，以涂

↑ 清凉殿

灰泥的墙壁围绕，叫作"涂笼"，这种例子不是在平安时期的样式，而是江户时代（1603—1867年）的样式。

坐西朝东，面阔9间，进深5间。由于原来是居住场所，平面布局较复杂，是多用途的建筑。有举行仪式时天皇坐的御座，专为天皇祈祷的石灰坛等宗教性空间，平常吃饭的空间，天皇休息的空间，女侍者待命的空间等，虽然有很多用途，但其规模不大，较小的空间被划分成小房子。屋面全葺桧树皮，屋顶采用传统的入母屋造样式。外檐的柱子为暗红色，内檐全用白木。外围的柱子是方柱，内部的是圆柱。不设斗栱，用舟肘木。地板铺得比紫宸殿低一些，上面是天花板的"化妆屋根里"。东侧正面铺较低的地板"簀子缘"与"高栏"。设有两座3级木制台阶。清凉殿的靠北的中心部分有天皇休息的场所夜御殿。此房间在清凉殿比较特殊，不仅用如前所述的"涂笼"，而且地板上还有双层榻榻米，其周围立屏风。夜御殿的后面，从北到南有3个房间：天皇平常吃饭的地方"朝饷之间"，天皇专用的厕所"台盘所"，女侍者的待命房间。而以前画有鬼壁画的"鬼子间"，用"鸟居障子"划分。清凉殿北侧的"殿上之间"是高级官吏待命的地方，相当于事务所或会议室。从"殿上之间"到清凉殿的正房有2级台阶。因为这些台阶不打钉子，所以上台阶会发出声音，就有相当于叫人的

↑ 小御所

铃的作用。"殿上之间""鬼之间"与清凉殿正房之间有梳子形的窗户，可以互相窥视。清凉殿的东南角有宗教空间，叫"石灰坛"，是天皇每天向伊势神宫与内待所祈祷的地方。因为天皇原来有直接站在地面的习俗，为了方便，所以地板以灰泥凝固，代替地面。

3. 小御所

小御所在紫殿的东北，又称为东官御元服，因常举行皇太子册立仪式，故又叫作御元服御殿。有时天皇接受百官朝贺等也在小御所，因而没有固定的使用目的。平安时代还没有小御所，镰仓时代（1185—1333 年）闲院内里营造时，第一次建造小御所。其外观有寝殿造的特点，而内部则有书院造的气息，还有镰仓建筑样式的特点。宽政时期平安复兴时，小寓所没有成为复兴工程的对象。小御所的平面可分为上、中、下 3 段。上段是天皇的御座，铺榻榻米。上段与中段之间有一点高低差异。上、中、下段的部分房间的榻榻米除中轴线部分是深黑色，其他地方是浅白色的，以如此色彩的对比来强调这房子的深度。京都御所建筑中，小御所是第一次在正房铺上榻榻米的房屋。这三段房间天花的形式是上段为"折上小组天井"，中段为"小组格天井"，下段为"格天井板违"。其周围的房檐间铺地板，天花是"化妆屋根里"。为划分房间，用"栏间""鸟居障子"等书院造的手法。

↑ 常御殿

屋顶的形式是"入母屋屋根"，屋面全萁桧树皮，外檐的柱子为暗红色，内檐全用白木，又用舟肘木。

4.常御殿

常御殿是原来清凉殿的一部分。天正时期（1573—1592年）内里营造时，与清凉殿分开，作为天皇居住的专门场所独立建设，根据天皇日常居住的功能，按照当时的住宅典型平面而设计的。其外观是寝殿造，而在内部能看出书院造的特点。常御殿在京都御所里是与紫宸殿并列且是规模最大的宫殿。其平面的南部，从东向西有上、中、下3段的3个房间还保持着清凉殿时的形式，特别是正房与房檐的结构形式。因此，3个房间不划分开，各房间用独立的两根柱子划分每个空间。下段的天花板保持清凉殿的形式，采用"化妆屋根里"。上段的天花板为"二重折上小组格天井"，下段为"格天井板违"，其他大部分房间的天花为"猿颊天井"。这上、中、下段的3个房间的地板高低都不同，以上段最高，如此地板的高低从外部也能看出，这表明设计手法里外部与内部的密切关系。

屋顶形式是"入母屋屋根"，屋面全葺桧树皮。外檐的柱子为暗红色，内檐全用白木，又用舟肘木。铺地板用"箫子缘"与"高栏"，在外部用"蔀户"。以"无目敷居"划分各房间，其上部设"一栏间"，在上段房间陈设"帐台构"，这是书院造的手法。"御寝之间"是天皇日常用的卧室，铺18张的榻榻米。数字18是来自中国的"九五之尊"的思想，紫宸殿面宽9间的数字9也受到了这种影响。这房间的天花与地板采用特殊的结构，与皇后御所的"御寝之间"是一样的。

↑ 御学问所

5. 御学问所

御学问所在小御所的北部，在此由亲王传达天皇的命令，并举行开封新茶的仪式、正月二日用毛笔写字的仪式、每月创作和歌的仪式、天皇召见亲王等。

御学问所原来也是清凉殿的一部分，庆长期内里营造时，作为独立的建筑物成为御学问所，保持了室町时期的建筑样式，外观是寝殿造，内部则有宫殿建筑特有的布局。

屋顶形式是与小御所同样的"入母屋屋根"，屋面全葺桧树皮，外檐的柱子为暗红色，内檐全用白木，又用舟肘木。铺地板"簀子缘"与"高栏"。设有"阶隐"的木制台阶，内部有"舞良户"与"一栏间"等。御学问所也有上、中、下的 3 段房间，以"袄"划分各房间。上段的天井为"二重折上小组格天井"，中、下段为"格天井"，所有的房间都铺榻榻米。这里虽然设有"棚和床"（即装饰性的书架和壁息）等，具有一些书院造的特点，但其布局与武士住宅的书院造不同。武士书院造的"棚和床"设在主人座位的后面，而京都御所的"棚和床"设在天皇的左边或右边。在天皇的后面不陈设任何东西，这种平面布局只在京都御所可以见到，这是宫殿建筑特有的布局。

6. 皇后御殿

皇后御殿在京都御所的北部，是皇后的居住场所。宝永时期

↑ 京都御所御帐台

（1704—1711年）内里营造时，原来与常御殿毗连的地方又分开了。皇后御殿与若宫御殿和姬宫御殿毗连，皇后跟其儿子与女儿可住在一起。最北部有飞香舍，它原来是平安后宫五舍之一，宽政平安复兴时再建的。在平安宫，飞香舍原来是高级女侍者、皇后、皇太后与太皇太后的居住场所，但在江户时期再建后，成为举行公共仪式的场所。

屋顶形式是"入母屋屋根"，屋面全葺桧树皮。外檐的柱子为暗红色，内檐全用白木，又用舟肘木。外面铺较窄的地板，但没有高栏。窗户的形式是杉户。内部都铺榻榻米，栅和床的布局形式还是宫殿建筑式样。皇后御殿也有皇后休息的房间，与常御殿一样，其天花与地板有特殊的结构，但其规模比天皇的小一张，即17张。若宫御殿和姬宫御殿也是铺榻榻米，各房间的天井为"格天井"与"猿颊天井"。

飞香舍的南侧敞开，外部的门有较多的形式，用"蔀户""遣户""唐户""舞良户""鸟居障子"等铺地板，没有天花的"化妆屋根里"，陈设仪式时天皇坐的御座"御帐台"，这是完全再现平安时期的建筑手法，在别的建筑物里看不到如此手法。

7.京都御所的门

京都御所的门设在外墙的有6座，地基内的主要的门有4座，其他有小门。主要的门如下。

（1）建礼门。建礼门是御所的正门，又叫南御门，为天皇专用，是等级最高的门。用桧树皮葺顶，"切妻造"形式。认为素木造，用方柱，"四脚门"结构。

（2）建春门。建春门在御所的东部。限举行大典时皇后专用门。葺桧树皮，"素木造"，"向唐破

↑ 京都御所东侧的建春门

风"形式。在江户时期又叫"日御门"。

（3）宜秋门。宜秋门又叫"公家门"。皇家贵族专用门，但穿礼装的武士也能用。其结构与建礼门一样。宽政期内里营造时，其建设结构与宜秋门相似。

（4）清所门。清所门是通向厨房的入门，又叫"御台所门"。武士也从此处进来。葺青瓦，表示等级低，"切妻造"形式。门为"素木造"，"药医门"形式。

（5）皇后御门。皇后御门又叫"表御门"，"寻常门"。葺青瓦，"切妻造"形式。

（6）承明门。该门为宽政时期（1789—1801年）内里营造时，按照平安复兴的计划建造的。

（7）日华门与月华门。二门在紫宸殿前，东西对称，朱漆的门。"切妻造"形式，圆柱，有舟肘木。八脚门形式。承明门、日华门与月华门都立在石制台基上，并且天花板的形式是"化妆屋根里"。

（8）玄辉门。在北部靠朔平门，与朔平门同样，宽政期营造时建立。朱漆，"入母屋屋根"，葺瓦，圆柱，用舟肘木。"八脚门"形式。

在长期改造的历史上，门的布局与存在有很多变化，但是从结构的角度来看，京都御所的门最能保持改造以前的结构形式。

三、装饰

除围绕紫宸殿前庭的回廊以及日华门、月华门、承明门和北部的玄辉门以外，基本上所有的御所建筑都不着彩色，而是露出木头本色的素木造。屋顶的外部形式最能体现艺术匠心，此外还有瓦当的图案"狮子口"、斗拱、舟肘木等结构部件上的形式，窗户与门的形式，细部小五金，"悬鱼"的形式等。主要建筑的屋顶葺桧树皮，容易形成曲线

↑ 京都御所房间纸门装饰

美，多用"入母屋屋根"的形式。瓦当、"狮子口"、小五金等都雕以菊花的图案，因为菊花是皇家徽章。御所建筑的外观与中国宫殿建筑不同，但其以周到的总体设计与细部的装饰，表现了日本独特的建筑美。

内部装饰表现在"袄"、"棚"、障子、屏风上画的障壁画等，细部还多用菊花的图案。到宽政时期内里营造时，当时由流行画家来画御所的障壁画，就是狩野派画家所画的"唐绘"。唐绘是从中国宋元绘画学来的，沿用中国式绘画的手法，但随着平安复兴的兴起，唐绘被改为"大和绘"。大和绘是平安时代流行的手法，依日本式的题目而画，有日本风格。同时，大和绘还采用中国故事，尤其是在女人用的房间里画了"列女传"的故事。这种现象与宽政时期兴起的儒教有密切关系。因此，从宽政时期起，在京都御所里就有日本风格和以中国故事为主题的两种风格的障壁画。

四、京都御所的庭园

京都御所的庭园包括紫宸殿前庭，清凉殿正面的东庭，位于御所东中部的御池庭，靠近北部皇后御所的御池庭。

↑ 御池庭池景

紫宸殿前庭与清凉殿东庭仪式性较强。紫宸殿前，左右植"左近之樱花"与"右近之橘柑"，用朱漆的回廊与门围绕，形成安静而严肃的空间。清凉殿东庭也植"吴竹"与"汉竹"。这种四周由建筑物所形成的庭园形式叫作"壶庭"。清凉殿西侧也有同样的壶庭，由于在此植萩，所以叫作"萩壶"。在飞香舍也有萩壶。这些前庭、东庭和萩壶的形式是按照古代传统的手法设置的，是举行仪式的庭园。

以御池为主的御池庭可分为三个部分：从小御所到御学问所的"御池庭"；从常御殿到茶室锦台、地震御殿、御凉所的"御内庭"；以茶室为主的最后部分"龙泉之庭"。御池庭是回游式庭园，不论从何角度看，都是绝佳设计。池塘的周围有中岛、小桥、假山、老松、樱花等，形成了一个小环境。御池庭里设有茶室锦台，在此能泡茶。

庭园里有小溪，流入御池。"龙泉之庭"也有小溪，茶室"听雪"横跨小溪上，十分风雅。"听雪"的北侧，有禅僧与武士喜爱的枯山水式庭园。因此，在御所里可以享受日本园林之美。

五、京都御所建筑所彰显的日本特色

1. 天皇制与京都御所

京都御所虽然在几个世纪里都是日本的正式皇宫，但始终保持着离宫的特色，这和幕府专政相关。在京都御所居住的天皇，其地位与中国皇帝相比有很大的差别。自古以来，日本历史上，一直保持天皇制度的同时，还存在着以将军为主的幕府专政制度。它们形成了对立的双层统治结构。实际上，皇权名存实亡。虽然天皇把其地位放在象征国家的名义下，并一直受到幕府的保护，但实际上，他掌握实权的时间特别短，并且游离于政治之外。德川幕府严格限制了天皇举行的仪式、公务等。那时的天皇不过是一个无所事事、优游终日的寓公。于是，在江户时代，在紫宸殿的前面修建戏台。紫宸殿原本是举行大典的地方，这样的改造表示了皇家权力的没落。平安宫时代，朝堂院在内里的西面，并在此举行国家大典。13世纪，朝堂院已经没有了，可以说，天皇所举行的典礼已经开始不受重视。

↑ 紫宸殿前建造戏台

　　御所的改建、设计及其经费都是幕府承担的。因为皇家的财力总是缺乏，无法修理宫殿建筑，所以御所曾有很长一段时间处于荒废状态。历史上，天皇发动了几次政变。那时，京都御所的改建既是为讨好天皇，又有政治上的意图。宽政时期内里营造时，幕府接受了皇家要把紫宸殿前部的空间扩大的要求，但是当时进行的平安复兴的方

↑ 绿树掩映的京都御所

案是由幕府提出而决定的。日本宫殿建筑没有中国宫殿建筑那样的雄伟壮丽，没有挥金如土地使用高级材料。京都御所的建筑也同样没有华贵的材料。现在的京都御所里能看到障子的糊纸方法，叫作"御所张"。这种方法是因当时的技术不能制造大的纸张尺寸，或为了节约用纸的缘故而出现的。又如，平安宫的外廷是与内里分开的朝堂院，在此举行了跟政治有关的所有大典。内里的紫宸殿前庭曾经是举行天皇个人仪式的场所。从 13 世纪开始建设内里，不设朝堂院，公共空间与私人空间便接合在一起。从此，在京都御所的紫宸殿前庭举行所有大典。这种现象跟当时天皇举办的各种仪式重要性逐渐降低等社会因素有关。

2. 气候与生活习惯

大部分的御所建筑不只受到中国的影响，还有根据日本的文化、气候而形成的独特建筑风格。中国宫殿的主要建筑都是朝南，而在御所建筑里，天皇使用的主要建筑清凉殿、小御所、常御殿、御学问所等都是朝东，这是为了适应京都的气候。京都夏天闷热，多为东风。为了适应如此的气候特点，御所建筑朝东，建筑形式也考虑到通风问题。另外，由于日本气候潮湿，御所建筑都采用铺较高的地板形式的建筑。

众所周知，日本地震多。因此，在常御殿与皇后御殿的东北方向，各设有地震御殿，又叫泉殿，这是发生地震时的避难所。地震御殿的屋顶葺以轻便的材料，叫作"柿葺"，地基很坚固。但专家说，它缺少作为避难所的功能。

日本人有脱鞋上殿的习惯。贵族从御车寄等的门厅上殿，但下级无法从此而上。因此，在廊上下设一个"沓脱（脱鞋）石"。上殿后，穿布袜的脚直接在榻榻米上走路。御所的建筑除紫宸殿与清凉殿以外，都铺榻榻米，天皇使用的走廊也不例外。日本的习惯是不在床上休息，直接在榻榻米上铺被子休息。天皇专用的休息空间是"御寝之间"，那里铺双层榻榻米，而且其地板与天花板也采用特殊的结构。

↑ 京都御所的内部细节

　　远古以来，日本城市与皇城有不设城壁的特点，京都御所也不例外，只用"筑地"围绕御所周围而已。这与中国城市和宫殿的布局有很大的差别。并且，从京都御所的总体上看，其建筑结构是敞开的，不太注意防盗，连御所的外墙也没有防盗的作用。从史料看，实际上在御所里常常发生盗窃、打劫等犯罪行为。所以，京都御所

↑ 京都御所房间等级制度设计

发生多次火灾的原因不只是因为没注意而引起火灾，也有被纵火的可能。

3. 御所建筑的等级制度

京都御所有以天皇为至尊的等级制度，在御所的各地方也都能看到其表现。

举行大典时，紫宸殿里天皇的御座在西，皇后的陈设在东。皇后的御座比天皇的退后一步，其形式没有明显的差别。而在中国宫殿，不陈设皇帝和皇后并列的两个御座。在清凉殿也有天皇的两种御座，可以不设皇后的御座。

在辅佐天皇的大臣等待命的"诸大夫之间"，类似手法的作用较明显。整个建筑可分为上、中、下3个房间。靠近紫宸殿的最高级房间的榻榻米边缘的颜色是白的，其他的是红色。而且其最下级的房间不跟门厅御车寄连接，所以下级官吏从廊子上殿。天皇通向清凉殿有专用的走廊，在此铺的榻榻米颜色是红的。如前所述，在"诸大夫之间"下级的房间也用红色边缘，由此可知，其边缘色彩不表示等级制度，这一点也跟中国皇帝用的等级制度不同。天皇日常用的房间往往铺榻榻米，在上、中、下3个房间中，上段是天皇坐的地方。这3个房间的地板的高低不同，上段稍微高一点。中段与下段有的高度一

↑ 京都御所位于东北方向的墙角是凹的

样，有的中段比下段高一些。上段房间的天花板用"二重折上天井"的形式，是居住地方最高级的形式。

这样看来，京都御所建筑的等级制度手法不像中国的，没有在天皇与下级官吏之间设置台阶来表示明显的差别和威慑的手法，它表示等级制度的方法不太明显，这跟天皇在社会的地位有关。

4. 御所建筑与信仰

御所建筑里有较多的宗教空间。当时，日本的主要宗教是神道与佛教。紫宸殿之东有内侍所，又叫作春兴殿，是安放宝镜的地方。而在常御殿里的"剑玺之间"安放了宝剑与勾玉。这三样是天皇家世代相传的家宝"三种神器"，但其中有复制的。清凉殿有"石灰坛"，是天皇与内侍每天向伊势神宫礼拜的地方。御所各地方设有佛龛，叫作"黑户"。从史料上能看到，在紫宸殿曾举行过宗教性的仪式。紫窟殿东侧有"轩廊"，在此有方形石板，在石板上进行龟甲占卜。

京都御所的东北角有缺口的原因是考虑回避灾祸。以前在内里有很多像这样的回避灾祸的做法。江户时代，紫宸殿、清凉殿、常御殿等天皇常用的宫殿也有东北角的缺口。江户时代中期以后，这一风俗没有了，现在只能在外墙的东北角看到。

5. 古代日本城市制度"一代一宫"

改建御所建筑时，在多数的情况下，是把前一时期的御所建筑迁移到跟皇家有关的佛寺，且绝不废弃其古材料。如前所述，京都御所曾经历了多次改造，其改造的原因不只是原建筑被火灾烧毁，也有政治上的原因。在这种情况下，不只是古材，建筑本身仍能使用的话，也把它迁移到有关佛寺了。此外，作为赐给的理由，也有因先皇的去世而迁移的。在平安初期，因天皇在清凉殿去世了，就只把清凉殿一座建筑迁移到别的地方了。这里能看到"一代一宫"思想的痕迹与忌死的心理。按照古代日本的一代一宫制度，历代天皇只用一座城市与宫殿，天皇退位后，继位者拆其宫殿，找其他的地方又建设新的城市与宫殿。因此，日本古代宫殿的地点并不确定。从平安京时代开始，历代天皇就在京都定居。这在江户时期有明显的例子。

延宝六年（1678年），从德川幕府进宫的皇后在御殿去世时，其御殿被迁移到跟德川幕府有关的寺庙。因此，今日在现存的寺庙中能看到原来的紫宸殿或御门等前期御所建筑的形态。这样一来，御所改建时，当时的工匠便可以为参考前一代的技术与创意而来研究这些赐给的御所建筑，从而设计新的御所建筑。

江户幕府的权力象征
——二条城

二条城与金阁寺和清水寺并称为京都的三大名胜。占地 27.5 万平方米，总建筑面积有 7 300 平方米。位于市中心的二条，东临堀川。

一、二条城建城始末

二条城以街道名称命名，立于四条街道的中央。二条城的城堡和宫殿建于 1603 年，是当时德川家的第一代将军德川家康为保卫京都御所（皇宫）而修建，同时也为到京都拜访天皇时能够居住而建。后来的第三代将军德川家光将丰臣秀吉所留下的伏见城中的几座建筑移建至此，并对其建筑物的内部进行了装饰。今天所见的二条城建筑，有着日本安土桃山时代（1573—1603 年）的样式特色。其中的二之

↑ 二条城

丸御殿等共 6 栋建筑物被日本政府鉴定为国宝级文物，二之丸庭园被
鉴定为特别名胜地；包括东大手门等在内的 22 栋建筑被鉴定为重点
文物。

↑ 二之丸庭园

　　1573 年，室町幕府最后一任将军足利义昭被织田信长驱逐，室
町幕府宣告灭亡，日本由此进入了短暂的安土桃山时代。1582 年和
1598 年，织田信长与丰臣秀吉相继去世。1600 年，曾经跟随织田信
长和丰臣秀吉统一日本的德川家康击败丰臣心腹石田三成取得政权，
并在江户（今东京）建立了江户幕府。为了防止关西诸多大名利用天
皇谋反，同时监视和牵制皇室，1602 年，德川家康下令在京都原足
利義昭居所的荒址上建立了自己的行宫——二条城，它是江户幕府的
权力象征。二条城是一座长方形的城堡，有内外两道护城河。周围建
有东西约 500 米、南北约 400 米的高大围墙，并挖有壕沟。

　　百余年的战国时代（1467—1585 年）是一个充满杀戮的时代，
所以二条城内部的建筑布局和屋宇结构都是出自警卫和预防不测的考
虑。二丸宫共有 33 个房间，总面积达 3 300 平方米。其中，主要由
车寄、远伺、式台、大广间、苏铁间、黑书院和白书院大小不同的 7
间屋宇构成，其中的大广间还分成了 4 间。除白书院和黑书院为南
北对列的形式外，其余 5 间沿着二丸庭院的湖岸，自东南向西北呈斜

一字地雁行排列并与黑书院相接。这些屋宇不仅四周空旷毫无藏身之处，而且多有暗藏的机关，有可埋伏保镖的暗室，有防刺客的地板，人踩上去便会发出鸟鸣般叫声。外城墙四个角上原建的供瞭望的角楼，由于 1788 年的一场大火，目前只剩下东南和西南角的两座，当时被焚毁的还有本丸宫的殿舍。现存的本丸宫是 1893 年从原京都宫中迁移过来的桂宫。

1569 年，织田信长在足利义昭的居住处开始兴建二条城。1573 年，织田信长流放足利义昭后烧毁了这座城，然后在其他地方另筑二条御所，并将之献给城仁亲王。1582 年，本能寺事变爆发。织田信长长子织田信忠在二条御所放火自刃。关原之战后，得到天下的德川家康在京都会见丰臣秀赖时又重新修筑。

德川家康筑城的目的主要是为了让德川的族人及武将在造访京都时，有个休憩的寓所。城内最大的建筑群——二之丸御殿于 1603 年完工。尔后，第三代将军德川家光又将本丸内的城域扩建成现在的规模。到了 1867 年，第十五代将军德川庆喜"大政奉还"于皇室朝廷，奉还的仪式就在二条城的二之丸御殿内举行。

二条城见证了德川家的荣枯兴衰，是日本历史朝代的移转之地，里面有价值的建筑文物相当多，如二之丸御殿、小堀远州设计的二之丸庭园以及由京都御所的旧桂宫御殿移筑而来的本丸等。

↑ 二条城的角楼

二、在二条城中探幽

在二之丸御殿里人们可以从梁柱间的雕饰看出昔日繁华。而串联各隔间的纸门画，多半是狩野探幽及其门徒所绘制的，二条城也俨然成了狩野派日本画的史料馆。

现存的二之丸御殿是六栋大书院式建筑。而屏风上的彩绘则是出自狩野一门的手笔，这充分表达了包括雕刻和金属器具装饰的桃山美术精粹。本丸御殿在天明时期的大火中烧毁，现存的建筑是从京都御所的桂宫御殿迁移来的。

穿过二条城雕刻精美、装饰华丽的巨大前门，然后是一系列会见室。第一间大厅通过饰以华美的绘画、中楣、用平顶镶板装饰的天花板来加深人们对于幕府将军权力无边的印象。一般人甚至不被允许走进第一间大厅。内部的大殿是接待高级官员的，这里的装饰更精巧，花费也更大。为防止背叛行为，幕府将军安装了"夜莺地板"，它能够在轻微踩踏的情况下发出吱吱嘎嘎的声音来警告有人入侵。那时风景优美的庭园里没有一棵树，幕府将军不想看到落叶，不愿意由落叶想起他们将面对的死亡。

↑ 二条城会见堂

本丸御殿和二之丸御殿为二条城的主要建筑，处于二条城空间的构图中心。其中的二之丸庭园为"一回游式"水庭园，水面曲回、泉流清澈。水池沿岸布置有湖石，形态豪华、搭配适度。水庭之中建有三座小岛，并在水池的中央布置了三段式的叠瀑。水庭的周边植有高低错落、组合有致的各类树木和植物，水面、植物和湖石等相映成趣。庭园风格相对粗放，具有一定的力量感。但是，对于某些局部的水石和植物的处理和安排又不乏细腻和严谨的搭配方法，与周围的建筑群有着和谐的呼应。二之丸御殿的宫室建筑体态秀美、尺度宏阔，

↑ 本丸御殿

园林内绿化与建筑物搭配得当。其御殿建筑的样式富有特色，殿内墙壁和隔门上绘有幕府的皇家著名画家狩野一门的画作，其中《鹰立松树图》《守望八方雄狮图》皆为狩野派的名作。

各宫殿建筑的内部装修、装饰和细部构造等极尽精细、奢华，处理得当。屋檐和封檐板上镶嵌有纯金箔片作为点缀，明艳的金色与深色的建筑构件相互映衬而显现出当年德川将军的富有和府邸的华贵。这与京都的手工业和城市的民间工艺传统是分不开的。建筑传统的积淀和装饰的运用已经成为一种必要的自然程序。

↑ 二条城典雅的室内构造

二条城的整体都得到了极妥善的保护，于近处观察其城墙、护濠、各个建筑和庭园的细部，就不难体会其保存方法的细致。建筑物的室内干净整洁，木质材料和绘画都被养护得一尘不染。每一组构件，每一处木棂，每一块金饰片都反映出那里所运用的细腻的匠心和认真的手法，对所有文物建筑和环境所进行的呵护与保养可谓是煞费苦心、一丝不苟。

古建筑及其环境的传统性在这里得到了最佳的维护和延续。二条城内部环境当中的各类元素全部保存着原始的材料、肌理和构造状态，不容有任何的改变，必要的维修工作也尽可能地做到保持其原质、原型、原色的做法，完全实现了"真实而准确"保留的目的。在城内院落里的地坪上，依旧按照古城最初所采用的方式，在上面散铺大片细碎的白色沙砾。

二条城的外部空间控制较为完善。虽然古城处于京都城市的一侧，在旁边也有不少现代建筑物，但是需要对其周边建筑的高度加以控制，一般只有三到五层，而且对新建筑的体量、色彩和建设规模的控制极为严格而周全；同时又规定，二条城保护范围外部建设的建筑物与二条城之间必须设置道路和绿化带，使古迹和新建筑之间保持着

↑ 二之丸御殿

较大的间距。因此，处在二条城内的任何一个位置上都不会有外部的建筑物进入视线，从而避免了外界对古城内部的干扰。当人们跨过城濠，走进二条城城门的那一瞬间，就会将外部所有的世俗思维、现代建筑和空间形式等完全排除掉了，而只能够感觉到站在这里，空间和时间都已被历史拉向昔日的远方。

现在，二条城的那些结构已经成为具象的史诗，其建筑物上面所装点着的金色也恰恰是昔日传统的一种反射。它们作为传统文化和艺术的结晶，值得保存和维护它们的人为之骄傲。

穿过二条城的大门，就来到了被誉为日本国宝的二之丸御殿。二之丸采用了唐门风格的装修，散发着深厚的盛唐文化气息，在江户时代是最豪华气派的装修了。二之丸里面设有若干个房间，其中最大的称为"远侍之间"，面积 1 046.1 平方米，分为一之间、二之间、三之间、若松之间和敕使之间，是各地大名藩主和朝廷敕使等候征夷大将军接见的场所。二之间的屏风画着猛虎和豹，象征着将军家的威武。敕使之间是将军接见天皇朝廷使者的地方，朝廷的敕使坐在上座，将军坐在下座，以示名义上的君臣之礼。但实际上，当时的天皇朝廷只是一个摆设，职责是研究知识学问，根本无权干预政治，甚至连对外的国王头衔也没有。在明朝和朝鲜给日本的国书中，中、朝所称的"日本国王"其实是征夷大将军，而不是当时日本国内名义上至高无上的天皇。由于权势和财富的悬殊，二条城的建筑其实比皇宫还要豪华气派。

二之丸内还有供各地大名向将军家献上礼物的式台之间和黑书院、白书院。黑书院是将军和亲藩大名、谱代大名会见的场所，面积比大广间小，但装修别致，是将军会见心腹诸侯的场所。白书院是将军的起居间和卧室，内部的装修和黑书院不同，里面多是一些山水水墨画。

日本历史的教科书
——平安神宫

平安神宫既是继承1 000多年京都的兴隆华丽传给后世，又为了表达人们专心致力于复兴京都的夙愿而展开的巨大的建设工程，是京都神庙的代表建筑。平安神宫作为新京都的象征成为京都人的精神支柱，使人感到历史悠久的神社所没有的精神力量。

一、源于水的信仰

京都从古代就是水资源丰富的城市。在贵船神社有对水的信仰、平安时代开凿纸谷川（西掘川）、西洞院川、堀川三条运河，江户时代开凿高濑川。迁都后，经济发展的基础由开凿琵琶湖水渠奠定。它的存在使京都没有重大的缺水情况发生。"京友禅"、酿酒业、京都菜等京都的传统产业和饮食文化也受水的恩典而成长。山清水秀、历史

↑ 平安神宫

悠久的京都的发展始终是跟水连在一起的。

平安神宫既再现了古代京都的隆盛，又纪念近代的复兴事业，也从琵琶湖水道引水，可以说它是京都发展的象征，同时是政府官员接待世界各国首脑观光祭祀的主要场所。

平安神宫的历史并不算久，建于1895年，是为了庆祝平安奠都1 100周年，同时纪念统治京都的最初和最终两任天皇——桓武天皇和孝明天皇。众所周知，整座平安京的都市建设，都受隋唐都城的强烈影响，而平安神宫是仿照日本古代都城的朝堂院所建的。京都最后一个天皇孝明天皇生于1831年，1847年作为日本历史上第121代天皇即位。在幕府末期、明治维新的前夜，天皇忧国忧民，满腔热情，克服困难，平定骚乱，奠定了新政的基础。1866年12月25日，年仅36岁的天皇驾崩，安葬在京都东山区泉涌寺后月轮东山陵。在日本皇室走过2 600年的1940年10月19日，再次应民众的倡议，在平安神宫供奉起孝明天皇。随后，对大殿、内拜殿、神乐殿、天庭以及内外步廊进行改扩建，形成明治时代庭园建筑风格的壮丽建筑群。

二、罕见的对称格局

平安神宫的整体建筑宏伟壮观、气势磅礴、红柱碧瓦、流光溢彩，采用了左右对称的建筑格局。据史料记载，平安神宫是仿照中国唐朝时期的建筑风格而兴建，屋面琉璃碧瓦，飞檐下方的四个角为斗栱结构。

神宫外面有一座亭子，是进入神宫参拜前净手、净脸的地方。神庙入口处类似中国牌坊的朱红色建筑，日本人称为鸟居。平安神宫的鸟居是日本最大的（高24.4米，宽33米），很壮观，又称为"大鸟居"。

↑ 神乐殿

平安神宫正面参拜时用的通道是神宫道。从三条大街北上一直走，跨过架设在琵琶湖水道上的庆流桥，走过大鸟居（神社入口的牌坊），步入平安神宫。站在庆流桥上，隔着大鸟居，能看到平安神宫的应天门。神门应天门是双层构造的楼门，最初的匾额是由空海（弘法大师）书写的，后被涂上了大红色。

→ 应天门

在手水所（为净心洗手的地方）净手后，走过神门进入院内。院内面积大约 7 万平方米。院落中铺满白色的砂石，在日本枯山水园林中，以沙代水，"以白沙的不同波纹，通过人的联想、顿悟赋予景物以意义"。院内人造渠环绕，溪水潺潺流淌，绿树成荫，一年四季鲜花盛开，秋季红叶迷人，大门、主殿、配殿为对称式木结构建筑，红柱碧瓦，而这里的红色没有采用通常日本神社所采用的沉重色调，而是鲜艳的朱红色，配以碧绿的瓦和局部白色的墙，非常夺目。

正中拜殿为大极殿，东面苍龙楼，西面白虎楼。整座神宫的建筑是典型的唐代中国建筑风格，红柱碧瓦，彰显贵族气势。大极殿是日本指定的重要文化财产。大极殿后面就是用于参拜的内拜殿。内拜殿的两侧还有牌子显示可以祈求的项目。在日本，神宫是天皇祭拜的神庙，神社是百姓祭拜的神庙，所以日本到处都有神社，而神宫只京都才有。社殿是以 5/8 的规模重新布置的平安京朝堂院，其中的大极殿作为日本最大的拜殿而让京都人自豪。

　　平安神宫最受欢迎的是占地约3万平方米的日本庭园平安神宫神苑，它是一座池泉回游式庭园。神苑由南、西、中、东四个部分构成，将神殿环绕在中间。平安神宫神苑是明治时代的具有代表性的名胜庭园。南神苑的八重红枝垂樱、西神苑的白虎池、中神苑的苍龙池和卧龙桥、东神苑的泰平阁，分别是这四座苑的代表名胜。整座庭园的入口就在南神苑处。南神苑除了垂樱外，还种植了近200种出现在具有代表性的文学作品中的植物，比如，《枕草子》《源氏物语》《伊氏物语》《古今和歌集》等赫赫有名的作品中出现过的植物。穿梭在每座小庭园中，总会有眼前豁然开朗的感觉。整座庭园营造出一种自然、没有复杂修饰过的舒适的感觉。中神苑的中央就是苍龙池，池上的石墩汀步桥就是卧龙桥，环绕池边种满了燕子花。

　　泰平阁立于栖凤池中央，沿着池边种有很多八重红枝垂樱。栖凤池水碧绿，水面安安静静，泰平阁和蓝天白云倒影在池面上，从任何角度看都很美丽。最美的总是留在最后，泰平阁是平安神宫的终点，也是景色最美的一处。

↑ 平安神宫神苑

东苍龙
——八坂神社

八坂神社与位于东山山麓的回游式庭园圆山公园相连。圆山公园是利用自然丘陵，仿照回游式日本庭园修建而成的。园内设有日式酒家、茶馆及野外音乐堂等设施。圆山公园一年四季风景优美。

八坂神社位于京都市内四条通大街尽头，是日本全国祇园社的总本社，供奉消灾驱邪、买卖兴隆之神，深受日本人的信仰。据考证，八坂神社由明治维新时的 1868 年起开始使用现在的名称。

八坂神社早在 656 年左右就已经创设，而在 869 年左右，由于京都发生大规模传染病，于是开始有了祇园祭，如今不但是京都三大祭

↑ 八坂神社

之一，也名列日本三大祭。八坂神社是关西地区历史悠久且最具知名度的神社，是日本全国大约 3 000 多处八坂神社、祇园社等系列神社的祖庭，以前叫作祇园社，后更名为八坂神社。民间传说八坂神社能解除灾厄，所以很受众人的信仰。来到八坂神社的正中，便可见到造型宏观的正殿，这一祇园造建筑样式的正殿是日本独特的神社建筑，已被列为日本国家重要文物。深色和朱红色的搭配使正殿显得十分大气，而又不显现沉闷。这里还是艺伎们经常造访的寺庙，你在不经意间可以看到身着鲜艳和服的年轻女子在古建筑中穿梭。

朱红的西门楼、日本现存最大的石牌坊鸟居以及日本国家重要文物的祇园造建筑样式的正殿等为主要观景点。

其中，本殿为 1654 年再建，西楼门为 1497 年再建，蛭子社为 1646 年再建，石鸟居为 1666 年再建。八坂神社与位于东山山麓的回游式庭园圆山公园相连，园内的垂樱和夜樱为京都一景。园内还有日式茶屋和高级餐馆等，也是通往清水寺、高台寺方向的必经之地。

每年在八坂神社内举行的祭典有祇园祭、宵山祭、神幸祭、还幸祭等。

八坂神社是京都香火最旺盛的一个神社，无论什么时候，去祈福

禅都物语——京都历史建筑图说

→ 西门楼

的人都特别多，这不仅是因为它的知名度，而且因为它周边有花间小道和清水寺等特别有名的景点。

八坂神社就在路边，里面不大，大概半个小时左右就能逛完。里面绿化很好，除了大殿周围是宽敞的水泥路之外，其他都是郁郁葱葱的植物。大殿和其他建筑物的颜色都是以红色为主，就连路边的路灯也是红色的。除了红色，其他大部分都是以白色和米色为主，非常古香古色。大殿内供奉着各种大神和小神，有面容和善的，也有看着非常凶残的。神社建筑顶上的瓦片闪着清冷的光芒，显得既内敛又孤傲。

门楼上挂着的是社会各界捐助的灯笼。晚上灯笼点亮时，会将神社渲染得一片灿烂。

↑ 八坂神社门楼上挂着灯笼

西白虎
——松尾大社

"天若不爱酒，酒星不在天。地若不爱酒，地应无酒泉。天地既爱酒，爱酒不愧天。"诗仙李白用如此直白而瑰丽的诗句来向世人表达饮者对酒的热爱。酒，对于京都人来说，代表的是一种深入遗传基因的文化传承。

一、最古老的神社

松尾大社建于 701 年，是京都最古老的神社。松尾神作为造酒

↓ 松尾大社

禅都物语——京都历史建筑图说

之神而受到广泛的信仰。1950 年，为了与其他的松尾神社有所区别，就改称"松尾大社"。

据传，松尾大社由朝鲜半岛东渡日本的秦氏一族为供奉松尾山神而建造。举凡开垦、治水、土木、建筑、商业、文化、寿命、交通、生产等都受到它的守护。松尾大社还是日本最古老的酒神神社，神社内摆放着很多酒樽。因名水"龟井之水"自此涌出，所以，以酒神之名深受人们信仰。此水也有延年益寿的功效。每年 11 月上卯日会举办祈愿酿造安全的祭祀。

二、蓬莱三园

社内的拜殿建于 1667 年，是净化仪式和祭神的主要场所。神社内的庭园叫"松风苑"，是日本现代庭园艺术家重森三玲在晚年时期的作品。代表了上古时期的盘座庭、平安时期的曲水庭、镰仓时期的蓬莱庭三座庭园组成蓬莱三园，此名取自中国蓬莱岛的传说。

↑ 松风苑

南朱雀
——城南宫

城南宫，坐落于京都市伏见区，是一座古老的神社。城南宫春季三月的垂樱远近闻名。神社保留了平安时代风貌，其庭园神苑较为著名，由春之山、平安之庭、室町之庭、桃山之庭、城南离宫之庭等各具特点的庭园组成。白河上皇造城南宫的时候，以源氏那座四季花木具备的六条院为原型所以又称"《源氏物语》花之庭"。现在的庭园组合了平安时代、室町时代、桃山时代以及最能代表离宫时代的枯山水庭。城南宫保留了古时京都的文化传统，每到春、秋季便会举办曲水之宴，流水传杯，饮酒诵诗，是古都一道亮丽的风景线。

也许一个真正意义上的古都，就是这样在文明外衣的裹挟之下，仍走着比日历慢几百年的步调，而且如此自然。

→ **城南宫**

北玄武
——上贺茂神社

京都古寺虽多，但其中最古老的，还是要数京都北部的世界文化遗产——上贺茂神社（也称为贺茂别雷神社）。这个神社始建于678年，比京都的历史还要长100多年。上贺茂神社的本殿和权殿都是日本国宝，重建于1863年。

一、等级最高的神社

上贺茂神社位于贺茂川上游，祀奉贺茂别雷大神（贺茂别雷命）。改建后的神社变成了正面三间、侧面两间的长方形构造，体现了古代日本房子的风格。除此之外，这里还保存着1628年修建的细殿等34栋

↑ 贺茂别雷神社

文化遗产，充分展现出古代神社的壮观景色。

按照日本传说，这里是雷神贺茂别雷命的故乡。相传在太古时代，女神玉依日卖在鸭川边捡到了一根红色的箭，然后就怀孕了，生下了雷神。雷神长大之后升天而去，后来回乡探母，就降临在今上贺茂神社后面的一个馒头一样的山上，所以这里就成了日本神道教的圣地。细殿前面的两个土堆就象征着雷神降临的神山。

由于上贺茂神社是京都最古老的神社，所以当桓武天皇迁都至此后，就将上贺茂升级为镇护国都的大神社，跟伊势神宫和出云大社同一级别，成为日本等级最高的神社。

→ **出云大社**

二、最古老的"流造"

上贺茂神社的创建历史悠久，早在 7 世纪末它已成为最有名的神社。平安建都以后，作为镇护国家的神社，得到了当时朝廷的重视和崇敬。社殿在 1628 年得到了修建。神社里的图案和记录再现了平安时代（794—1192 年）的历史。

它们的建筑形式是日本最古老的"流造"，相当于中国隋唐时期的遗迹，而且在千余年的不断重建中，样式一点都没有改变，可以说极为珍贵。

穿过一鸟居后，走在白色碎石路上，其左右是每年5月5日举行贺茂赛马的有着宽广美丽草坪的神苑。走过二鸟居，周围弥漫着神秘的气氛。正面细殿前，装饰有两根立砂，据说是仿效耸立在本殿背面的神山建造的。在深处还建有很多朱色楼门、回廊、币殿、本殿、权殿等独特建筑式样的建筑物。本殿、权殿，这两栋国宝建于1863年；而包括34栋的重要文化在内的其他社殿，建于1628年。

沿着上贺茂神社北部的明神川，有套有围墙的神官们的住所，围墙的下面用石头堆砌，上面是刷成了白色的土墙，共有30多家连成一片，此一带被指定为"重要传统的建造物群保存地区"。上贺茂神社的东侧有三面被山包围的周长1千米左右的深泥池，莼菜等水性植物在这里组成群落。

↑ 上贺茂神社细殿

伏见稻荷大社与红色鸟居的世界

日本伏见稻荷大社建于 8 世纪，主要是祀奉以宇迦之御魂大神为首的诸位稻荷神。稻荷神是农业与商业的神明，每年都有大量香客前来祭拜求取农业丰收、生意兴隆、财运亨通。它是京都地区香火最盛的神社之一。

↑ 伏见稻荷大社

一、钦明天皇之梦

伏见稻荷大社的入口，矗立着由丰臣秀吉于 1589 年捐赠的大鸟居，后面便是神社的主殿及其他建筑物。

伏见稻荷大社一词最早出自《日本书纪》【奈良时代（710—794

年）所作之汉文编年体史书】。钦明天皇在即位前的少年时代，曾做过这样一个梦。书中描述道："如登用秦之大津父者，吾成人之时，定能治天下。"很快，使者被派出以寻找大津父。在711年二月初五之日将秦伊吕巨（具）供奉。秦伊吕巨（具）即稻荷神。当时诸蕃（从他国来的人归化日本之人）中约有1/3的人属秦氏。仲哀天皇神天皇的统治时期（190—310年），"秦氏率一百二十七县之人经百济归化。"还有一说为五胡十六国时期，前秦之王族于战乱之中，经由朝鲜半岛到达日本。这两种说法今后尚需验证。雄略天皇在位之时（456—479年），有大批的渡来人进入日本。而为数众多的秦氏族带来了先进的绢织技术，对于国家建设有很大的帮助，因此朝廷予以厚遇，更有甚者，朝廷与之以畿内（京都）豪族独有的地位。就这样，深草的秦氏族于711年在稻荷山（现京都市伏见区）的三峰之平坦处奉稻荷神，于京都盆地之中心立御神威赫之神像。

日本稻荷神社的总本社就是位于京都市伏见区稻荷山西山脚的伏见稻荷大社。稻荷神以前被作为京都一带豪族秦氏之式神（同一地区、同一氏族之人所奉之神）。社家（世袭神社神职人员的家族）为大西家，为江户后期发展的国学与兰学之祖。

根据《山城国风土记》的残文，稻荷社缘起如下。秦氏之祖伊吕巨（具）以饼为靶射箭。射中之时，饼化作百鸟而飞至附近的山上。待伊吕巨（具）至山峰，发现百鸟化作稻谷。伊吕巨（具）以此为神迹，建神社，并赋字"稻荷"，为稻荷之始。因秦氏势力强大及当时佛教密宗的传播，全日本都接受了稻荷信仰。中世之后，因工商业发达，稻荷神除了被奉作农业神，还作为工业神、商业神、房屋守护之神及福德开运的万能之神，不仅在农村，而且在士人武家间十分流行。

↑ 伏见稻荷大社夜景

伏见稻荷大社位于稻荷山的山麓，在传统上，整个稻荷山都被视为神域（圣地）的范围。神社的整体建筑都是非常鲜艳的朱红色，绘金描彩，给人与众不同的感觉。据说因为朱红色有降妖除魔的法力，对于稻荷而言，朱红色还代表万物丰收秋天的色彩。由于每年都有大量的香客前来神社祭拜，求取农业丰收、生意兴隆、财运亨通，该神社因此成为京都地区香火最盛的神社之一。另外，起源于江户时代的习俗，即前来此地许愿的人们往往会捐款在神社境内竖立一座鸟居来表达对神明的敬意，使伏见稻荷大社的范围内竖有数量惊人的大小鸟居。成千上万座朱红色的鸟居构成一条通往山顶的通道，沿着山势绵延数公里。这段路程成为京都代表性的风景之一，而以"千本鸟居"之名闻名日本全国和海外。

二、楼门与正殿

在建筑艺术上，伏见稻荷大社完美地体现了日本风格，不过在实际用途上，它也是很世俗的。这里的鸟居都写着"纳奉"二字，求财保平安。当山上的鸟居修到 1 万多个的时候，不自觉间造就了另外一种艺术。

伏见稻荷大社的楼门看起来挺气派，朱基飞檐，高高耸立。此门建于 1589 年，是由丰臣秀吉捐赠的。据说他母亲重病来此祈愿后得到痊愈，他捐赠 5 000 两黄金修建此楼门以还愿。楼门曾于 1974 年解体，重修后得以现在焕然一新的面貌。楼门是仿中国明式建筑，灰瓦红柱，宏伟阔绰。楼门两旁各有一座狐狸石雕。狐狸形象很生动，左边的狐狸嘴里叼着宝珠，右边的狐狸嘴里叼着一把钥匙。日本人信奉的动物与我国有些

↑ 伏见稻荷大社楼门

不同，在我们的传统寓言故事里狐狸与乌鸦名声都不怎么好，而日本却把乌鸦奉为吉祥鸟，狐狸则是五谷丰登的守护神，是通往神界的使者。因此，在稻荷神社，会经常遇上嘴里衔着不同器物的狐狸石雕。为什么日本人会对狐狸如此崇尚？这可能与农耕文化有关。农夫最恨在田间四处打洞、作践庄稼的田鼠，而狐狸是老鼠的天敌，狐狸的尿就能吓跑田鼠，于是许多农夫开始在田边建狐狸庙，拿油炸的食物供奉狐狸。延续至今，狐狸逐渐被演化成掌管丰收与商业的稻荷大神的使者。

↑ 伏见稻荷大社殿门前叼着钥匙的狐狸，是稻荷大神的使者

进入楼门，顺山势上行，再上一个小坡就到神社正殿了，这里是神社的主体建筑区。这座神社原本起源于京都一带秦氏豪族"大西家"的家社。

伏见稻荷大社的主建筑与一般的神社大致相同，包括有安置神位的本殿与供一般信众参拜的拜殿，以及放置祭品及乐器的朵殿；其他还有手水舍、灯笼、鸟居、参道等设施。这些建筑风格统一，灰瓦红墙，雕梁彩栋，间有绿色的格子窗，红绿相间，耀眼夺目。本殿是神社的主要建筑，里面供奉着人们崇拜的稻荷神。在应仁之乱（1467—1477）时，这座大殿曾被烧毁，于1499年重建，算起来有500多年了。旺盛的香火使神社的建筑都能得到很好的修葺，因此看上去本殿并没有数百年的沧桑感。灰瓦翘檐、朱红墙、绿格窗，耀眼如新。庄严肃穆的拜殿前垂吊着多根系着铃铛的绳子，祈祷许愿者躬身合十，再拉一下绳子，铃铛叮当作响，铃声悠悠，表达祈祷者的诉求与愿望。

三、千本鸟居

这里最出名的要数神社主殿后面密集的朱红色千本鸟居了，这是京都最具代表性的景观之一，在电影《艺伎回忆录》中也曾出现过。成百上千座的朱红色鸟居构成了一条通往稻荷山山顶的通道，其间还有几十尊狐狸石像。神社最典型的标志物就是鸟居。鸟居是一种木制的门型牌坊，是神界和人界的划分之门，走过鸟居，就进入了神界。因而，在神社的大门外总要建一座高大的鸟居，以示与凡间的界限。

来到千本鸟居的入口处，由此可沿着鸟居登上稻荷山顶。白岩松在《岩松看日本》中有段描写："日本的所有神社都有这种'大鸟居'，非常像中国的大牌坊，看到它就标志着已经进入了神社。之所以叫'大鸟居'，顾名思义，就是鸟可以在上面停留和居住的意思，也许还有其他的宗教含义。"这段表述基本诠释了其含义。千本鸟居实际上是伏见稻荷大社的附属建筑，只不过这里的鸟居比别的神社多，而且自成规模，便增添了又处一耀眼的景观罢了。千本鸟居的名称甚至盖过了神社的名称，而成为此处景点的代名词。

这里的鸟居一个挨一个地连续排列，组成了一道道连在一起的门，成千上万个门连起来，就组成了

↑ 穿越千本鸟居保佑五谷丰收

迷宫似的立体隧道。这 10 000 多座刷上朱漆的鸟居，由山下排到山上，延绵几千米，远远望去如巨龙蜿蜒，委实壮观。千本鸟居乃至稻荷神社给人印象最深的是朱红色，红墙、红柱、红楼门和红色"隧道"，因为朱红色有降妖除魔的法力。而对于稻荷而言，朱红色还另有特殊意义，人们认为朱红色能带来春天的温暖和阳气，从而促进农业生产。也有说代表万物丰收的秋天的色彩。总之，大致如我们所说的五谷丰登，六畜兴旺，红红火火之意吧。

进入这朱红色的鸟居"隧道"，便置身于一个红色的空间里，老朽褪色的暗红色牌坊和光鲜亮丽的朱红色牌坊密集地交织在一起，透过阳光的照射，显得格外壮观迷人，视觉上颇为震撼，令人有一种神秘和扑朔迷离的穿越之感，仿佛真的要进入梦幻般的神界。

这些鸟居全都是香客还愿捐赠的，柱子上大都刻着捐赠者的名字，有的是以单位或公司的名义捐赠的。主要是因为稻荷大神是掌管着农工商五谷丰登和各领域驱病化灾的神灵，有的应了愿就来这捐钱建一座鸟居。钱多的就捐大鸟居，钱少的就捐小鸟居。日积月累，积少成多，这里的鸟居越来越多，由山下排列到山上，以致形成了一条长达 4 千米，从稻荷山脚绵延到山顶的壮观的"鸟居隧道长廊"。同时，穿行在千本鸟居之中，也让人感受到日本人对于形式感的追求和理解，以及精细的工匠精神。他们十分善于把平凡的事物经过周密的甚至近乎偏执的组织处理，形成一种极具感染力甚至让人叹为观止的规模。

古都的守护神

——下鸭神社

下鸭神社的正式名称为贺茂御祖神社，建于 8 世纪，是日本京都的世界历史遗产之一，也是最古老的神社之一。

↑ 贺茂御祖神社

下鸭神社最初为日本古代豪族贺茂氏的氏族神社，平安迁都后，下鸭神社遂成为京城的守护神社。神社内部称为"扎之森"，被列为国家历史遗迹。下鸭神社和上贺茂神社都在平安京建都以后成为镇守国家的神社，南北相对，上下呼应，犹如镇守寺院大门的哼哈两神将，备受朝野崇敬，现在又双双被列入世界文化遗产。

贺茂川与鸭川以今出川通的贺茂大桥为界，其北约 300 米处有座较小的葵桥，过桥不远就到了下鸭神社。沿着下鸭神社冗长无比的参道一路向前，左有濑见小川，右有奈良小川，被茂密的森林包围着，远远望去，神社朱红色的牌坊掩映在绿荫中，仿佛隔绝了城市的一切喧嚣，宁静而悠远。这片森林有 12.4 万平方米之大，还保留着平安京建都以前的原生态，所以也成了日本的历史遗迹。一路走去，闻之有赏心的小桥流水声，视之有悦目的林木青翠色，心旷神怡。

神社前有泉水，这是用于净心和净身的，参拜主殿前要净手漱口，以示心诚。

过了牌坊，就看到高大的楼门，东西回廊内的殿堂有不少和楼门一样，被列为文化遗产，如正中的舞殿、右侧的神服殿和供御所。舞殿后面是中门大院，院内不少殿堂平时是不让闲人进的，总给人神秘莫测的感觉。

进了中门，一座横殿拦腰挡住，将大院分成前后两院，只能从旁殿进去。横殿当中伸出一个竖殿突向后院，使整座殿构成"T"字形。竖殿左右就是奥秘所在，即国宝东、西本殿，里面分别供奉着生育守

↑ 神社前的小桥流水

↑ 下鸭神社的庭院

护神玉依媛命和灾难守护神贺茂建角身命，他们是上贺茂神社供奉之神贺茂别雷命的母亲和外公，所以称"御祖"，神社也与上贺茂神社合称为"贺茂社"。这两座本殿虽是 1863 年重修的，但仍保存着古代的风貌。横殿的斜对面是葵生殿，是以前举行婚礼仪式的地方。

大院西边有唐门，通向平时秘不示人的斋院。院内有葵庭、御井、御车舍等，主要建筑是中央的大炊殿，外间是灶房，内间陈列着许多祭神馔的实物模型与照片。从中可知，祭祀时神馔供品的摆放都有一定的规则：最里面的是御箸；接着一排中间是御饭，两侧是御汁和御盐；再外面两排都是各种干鱼，每排四盘；干鱼的两侧分别是神酒和神饼。此外，还有初献和后献的规格。

下鸭神社内不止一个神社，还有多个小社。

行至一半有余，左手边出现一座小寺庙状的建筑，这里便是河合神社，里面供奉的神明是掌管女子容貌的。四合院一样的小院落，清一色的木质结构，都精心地装饰过，尤其是金光熠熠的灯笼，一下子使这个小小的院落变得隆重起来了。

从很迷你的河合神社出来以后，左转继续上参道，不多久，一座巨大的红色鸟居出现在我们面前，这就是《鸭川小鬼》的"第一鸟居"。这里可以看到印着菊花的灯笼。据说，菊花是日本皇室的标识，在御所也有这种菊花。

随后是井上社。安静的神社本殿据方丈记的描述就是"流水不绝，清无杂质"。这诗句在这个神社内再现了，似乎鸭长名就是在这里吟诵的这首诗。

↑ 下鸭神社的井上社

在北野天满宫见证天神的绘卷

北野天满宫创建于 947 年，与平安时代（794—1192）的权臣家族藤原氏有密切的关系，可谓历史久远，身世显赫。这座壮观的古老神社是为了纪念 9 世纪著名学者菅原道真——被尊为学术之神的天神而建的。庭园里种植着他喜爱的梅花，还有一尊巨大的作为他的动物守护神的铜牛。北野天满宫与太宰府天满宫、防府天满宫并称为日本三大天神。

神宫的楼门高大威武，从楼门到三光门是一条长长的参道，左右两旁分立着 4 个小神社：白大夫社、福部社、火之御子社、老松社；之后是两个牺牲石像，神牛居左，灵猪居右。进了三光门，就是被视为国

↑ 北野天满宫

↑ 北野天满宫盛开的红梅

宝的本殿，结构宏阔，气象堂皇。殿前是个很大的院落，西边是吊满灯笼的回廊，东边是祈愿付费处，挂着几块木牌，上面醒目地写着祈愿的种类和料金，最突出的是三种：入试（入学考）合格祈愿、试验（考试）合格祈愿、学业成就（毕业）祈愿，并分甲号和乙号两种祈愿方式。

来祈愿的中学生特别多，都有老师带领着，还有导游给他们介绍，这也是学校组织的一项活动。日本人好拜神处处都能体现出来。

参道和本殿的周围有一圈神社建筑，如众星拱月。东边是宝物殿、神乐殿（现为讲社）和社务所，南边是绘马挂所，摆着几张桌子，上面笔墨俱全，供人在木牌上写下自己的祈愿，然后挂在一排排的木架上。西边和北边排列着不少附属的小神社，有的一个鸟居供着两个神灵。神社之间还夹杂着一个小寺庙，是属于真言宗泉涌寺派的一座观音寺，其本堂还是 17 世纪的建筑，现在香火也颇旺盛。

↑ 北野天满宫的绘卷

黄昏的景物在镜后移动着。也就是说，镜面映现出的虚像与镜后的实物在晃动，好像电影里的叠影一样。出场人物和背景没有任何联系。而且人物是一种透明的幻象，景物则是在夜霭中的朦胧暗流，两者消融在一起，描绘出一个超脱人世的象征世界。

——川端康成

建筑美学中的物哀

简单地说，物哀是"真情流露"，人心接触外部世界时，触景生情，感物生情，心为之所动，有所感触，这时候自然涌出的情感，或喜悦，或愤怒，或恐惧，或悲伤，或低回婉转，或思恋憧憬。有这样情感的人，便是懂得物哀的人。有点类似中国话里的"真性情"。懂得物哀的人，就类似中国话里的"性情中人"了。物哀并不是望文生义而得到的悲哀之感，悲哀只是其中一种情绪而已。

久松潜一博士将物哀特质分为五大类："一感动，二调和，三优美，四情趣，五哀感。而其最突出的是哀感。"对于物哀，叶渭渠先生认为，物哀的思想结构是重层的，可以分为三个层次。第一个层次是对人的感动，以男女恋情的哀感最为突出；第二个层次是对世相的感动，贯穿在对人情世态包括"天下大事"的咏叹上；第三个层次是

↑ 日本古典庭园

↑ 京都地标性古建筑——东福寺

对自然物的感动，尤其是季节带来的无常感，即对自然美的动心。中国古诗词中有一些诗句，如"感时花溅泪，恨别鸟惊心""念天地之悠悠，独怆然而涕下""无边落木萧萧下""昨夜星辰昨夜风""平林漠漠烟如织"……都表达了因自然景物而诱发的一种哀伤情绪，与日本的物哀十分类似。物哀是一种审美意识。川端康成多次强调："平安朝的'物哀'成为日本美的源流。""悲与美是相通的。"

物哀意识诞生于日本，与岛国特殊的地理环境有很大关系。日本列岛自古以来经常为雾霭所笼罩，自然风光留给人们的是朦朦胧胧、变幻莫测的印象。世界上没有一个国家能像日本一样在狭窄地域集中了如此之多的美景——雪山、海滩、山涧、峡谷、温泉、瀑布，林木葱葱，繁花似锦，小桥流水，幽雅庭院。故而说日本国土处处诗情画意并不为过。同时，世界上没有一个国家像日本一样，自古以来被如此之多的自然灾害所频频袭击——火山、地震、雪灾、海啸、台风、战乱……多少年来，日本人常看到的是美稍纵即逝，顷刻化为乌有。这一切使他们相信，美好的事物是不稳定的。而佛教的传入，更强化了日本人的这种认识。天津师范大学教授杨薇说："佛教所揭示的人生的虚幻感以及万物流转的'无常观'更加速了日本人本已获得的朦胧的'物哀美'意识的完成。"

日本园林一般可分为枯山水、池泉园、筑山庭、平庭、茶庭、露地、回游式、观赏式、坐观式、舟游式以及它们的组合等。最让喜爱的日式园林就是枯山水庭园。

枯山水庭园，顾名思义，必有山有水，而"枯"表示干枯，青色的山、绿色的水是生命的象征，而败落的枯枝是生命的结束，二者连在一起看似矛盾，但是这的确是日本园林的一种独有的形式。所谓枯山水，就是没有真正的山和水，有的只是那大大小小的石头点缀的白沙，白沙表面呈现出圆形和长形的条纹，好似那水上的波纹，给那死气的白沙带来星星活力，让不动的静物也好似有了生命。这可能就是日本人对于生死的感悟。

在日本的园林中，不可不讲的就是樱花树。日本人都爱樱花，爱在樱花下行走。樱花的花期很短，刚刚盛开倏尔便已凋零，这是一种生命刹那间的绽放，短暂的美丽，樱花用自己短暂而美丽的生命为生死诠释——"死并非是生的对立，而是作为生的一部分"，它是对死

↑ 京都樱花怒放

亡的赞美。在园林中，常常会栽种一些长青的植物，作为与樱花的对立，也是日本人对生命的热诚。

　　不得不说，日本人在对美的审视上是独具慧眼的，无论是一块石头、一尊小雕塑，还是一棵青葱的树、一片枯萎的叶，日本人都将它细心地置于园林中，可以说是多一物紧，少一物空，每一物都恰到好处。细心品味那些日本园林的图片，每一处都是精致的，水滴池上的小瓢虫、白沙中的碎粒、水中漂浮的花瓣枯叶。

矗立在悠长老街中的町家

京都浓郁古朴的风情和保存完好的历史建筑一直是京都人的骄傲，也是东方建筑研究的重要内容之一。京都民居建筑的最大特点是采用木结构体系，除了因为岛国盛产木材外，还因为这是日本独特的历史文化和自然气候条件的产物。据统计，町家，这种瓦顶木造的民房设计，历经千年的时光，依然在京都，这个古老的城市随处可见。京都现存町家约 2 万多间。"京町家"在现代社会，被当作饮食店、旅馆或杂货店等而重新利用。在京都人民和政府的共同努力下，划时代的建筑得以保存到今天。

➜ 町家

一、町家的渊源

从时间上看，日本传统住宅建筑形式形成于 16 世纪，当时的民居都称为"町家"。"町家"是日本中世纪以来城市住宅的典型样式，代表了一种城市生活形态，具有丰富的民族文化内涵。

町家住宅的历史可以一直追溯到平安时代（794—1185）末期。那时随着庄园经济的兴起，日本各地都发展了用于庄园物产交易的"町"（类似中国的镇），并由此促进了商人住宅等早期城市住宅的发展。町家发展的高潮是桃山江户时代（1585—1867 年）。今天，我们在反映京都城市景象的《洛中洛外图卷》中仍然能看到这种面对街道的町屋相连而成的繁华商业街，其景观意象与《清明上河图》所描述的中国北宋汴京十分相似。

→ **町家住宅**

从建筑体系上看，日本传统建筑隶属于中国建筑体系，其传统建筑的核心技术来自中国唐朝，但是日本建筑仍然具有鲜明的民族特色，很有创造性，尤其是它们的空间与材料美学特征。

日本町家的早期为草顶和木屋顶，直至室町时代（1336—1573年末期），日本城市住宅的屋顶仍以草顶或木屋顶为主，以杉木或桧木皮铺成的屋面是民居的主要形式。至今，我们仍能从古代寺社建筑中发现这种以石块压顶的木屋顶。町家屋顶改用瓦作是在江户时代以后，主要原因是出于防火的考虑。

自古以来，日本人就把大自然巧妙地融入生活环境中。他们认为，建筑与室内并不是从自然中分割或制造出独立于自然之外的一部分空间，也不是通过墙体把居住生活空间与外部环境之间加以限定分隔，而是一种开放的、尽可能在自然中的生活方式，但它必须具有遮风、避雨、防寒、防暑的功能。

二、町家建筑特征

町家是日本城市住宅的主要形式，亦称"铺面房"，以土地利用率高，做工、选材精致而著称。它的特点是木造，两层建筑为主，地基狭长，中间有安静的庭院。

1.用材

建造特点在于木作，从高床式的地台，到立面门窗、屋架无不以木为材。对草、木、竹等纯天然材料的偏爱是日本民居建筑的传统，尤其是木结构，几乎成为日本民族建筑技术的象征。日本古代几乎所有的建筑样式都是由木结构技术发展而来。

↑ 町家的内部陈设以木结构为主

选择木结构作为日本民居的主要形式，其中不仅有对木材自然特性的偏爱，更是一种长期以来形成的文化认同感使然。这也形成了日本民居建筑有别于其他国家的最大特点。町家木结构建筑古朴的色彩、简洁的造型曾极大地影响了京都城市的空间意象。反观中国同时期的江南民居，以砖瓦为材而形成了粉墙黛瓦的空间意象，与前者相比，展现出截然不同的风格和审美情趣。

2. 布局

町家是由中世纪的市店发展而来的住宅，町家是典型的商住合一的城市住宅形式。

町家沿街立面开口为三间（每间 1.8 米，合 5.4 米），前后长度约 20 米（11 间），因其结构细长，俗称"鳗鱼的寝床"。町家与其他地区的民居相比，在沿街立面上受限制较多，沿街町家大多紧挨着排列在一起，空间只能向纵深方向发展。

町家布局特点在于前店后宅的设置。基本平面是一列三室，由沿街往里依次为店铺栋和居住栋，二栋之间设坪庭（前院），居住栋之后是奥庭（后院）。房子的一侧由店铺栋直到后院有一条室内通道，称为"土间"或"通庭"。居住栋部分的土间安排厨房，亦称为"走元"。

町家最迷人的地方在于，它在局促的基地条件下，以人为的手段

↑ 町家兼具门面和居住功能

创造了一方天井。在喧嚣的市井之中营造出一个难得的宁静空间，大自然通过这一方小小的庭院进入人们的居住生活之中。坪庭虽面积极小，但在整个住宅的使用功能上却有重要作用。它不仅改善了住宅的采光和通风条件，带来直接的日光照明，还是重要的过渡型空间。作为店铺栋和居住栋之间的缓冲地带，坪庭使沿街店铺和日常居住功能分开，使二者都能各得其所，而不至于相互干扰，由此突出了建筑的条理性。借着开关灵活的拉门，店铺里的人们可以隐约瞥见町家悠闲的生活。这种空间似隔非隔，相互穿插渗透的"灰色"情调使坪庭成为日本民居中最有人情味的空间形态。

3. 空间构成

作为京都城市住宅的代表，町家铺面房是富于表情的居住空间，其不断变换气氛的空间趣味，来源于多种类型的空间设置，包括空间的大小、曲直、开合对比等。尤其值得一提的是町家内多处灰空间的设置：土间由中户和奥户分成为 3 个部分，空间梁柱露明直达二层顶棚，有效接纳天窗射入的自然光线，使通庭虽深远却不沉闷。中部走元做凹人空间的炉灶，既利用了空间，又利于防火。

坪庭为半开放空间，连接室内和坪庭的挑檐、缘侧，是典型的灰空间。京都住宅大多出檐深远，一方面是出于遮风避雨、保护障子纸和室内的需要，另一方面避免了阳光直入室内，形成了室内幽暗静谧的空间情调，这也是京都民居室内独特的空间趣味所在。

坪庭大多面向茶室和客厅，多采用枯山水形式，造景手法细腻，往往一方白沙、一个石灯笼、几支南天竹便能造就静谧，使人充分感受自然的阴晴雨雪和四季草木荣枯，是典型的坐观园林。坪庭古代又称为"壶"，大致是形容其体量小，但功能要素齐全，别有天地。坪庭在日本传统民居中也是一个蕴含着丰富文化意象的空间，在日本文学名著《源氏物语》中就有诸如桐壶院、藤壶院的记载；镰仓时代（1185—1333 年）的大将军源赖朝也在自己的府邸中设壶园。可以说，从中世起，坪庭就是日本上至王公贵戚，下至平民百姓住宅的重要组成部分，其中凝聚了日本民族对小巧、精致的艺术追求和对传统的眷念。京都町家的坪庭是对外界空间限制的有效应对，在满足

↑ 坪庭装饰

通风、采光、避雨等功能的同时，也造就了日本传统住宅独特的文化内涵。

町家的空间构成形式多样，坐敷、台所、通庭、坪庭、后院，空间的开放性逐步增大，共同组成一个相互渗透、相互交错的变幻空间，空间图底关系形式多样统一。由于居屋的出檐深远，室内外空间过渡显得很自然，室内的客厅与卧房、室内与室外仅仅用一扇薄薄的障子门相隔，空间的界限模糊，表情变化丰富而多变，从而大大加强了空间的感受性和可识别性。

4. 意象

町家独特的空间意象在于其建筑细节和居室装饰。町家沿街的立面都有平行密楞的窗格栅，凹入的长板门廊，挂有布帘，形成了典型的沿街立面空间和完整的城市空间意象。窗子、门廊、布帘都起到使室内外空间相互渗透的作用。店铺是街道功能的延伸，而街道也有双重作用，既是店铺的延伸，又是公共交流场所，空间界限模糊。半透明的格栅，使町家私生活和公共区域有效区分，不至于开门面街、一览无余，同时遮挡街上行人的视线，格栅起到了围墙一样的缓冲、屏蔽作用。当然，由于格子栅栏的过滤，室内光线显得幽暗朦胧，更增添了日本式的幽雅情调，营造了一种微妙的室内外关系。这种设计体现了日本传统建筑虚实交错的建筑观。深长的町屋，最里头还会另设一个坪庭，庭院的自然美在这一方天井中表现得生动而具体。自然透过院落进入居室，庭中的飞石、水钵、石灯、植栽青苔和深深的回廊缘侧甚至大自然的春雨、冬雪都与町家的生活相互交融，而成为町家生活的一部分。生活在其中的人们很容易觉察出这种细腻的美感，实现了与自然"同居"的生活理想。

町屋中的装饰、家具因季节的变化而完全不同。冬季使用拉门和隔扇；夏季则换上苇门和竹帘，还要在榻榻米上面铺上藤席，给人凉爽感觉。当客厅和主卧的拉门全部打开，由坪庭到后院完全贯通，不仅通风性能极好，而且形成多层次的景观效应，和日本茶庭坐观式庭园的景观效果很相似。

　　町家里温润的庭院之景，是一处触动心灵的境地。庭院虽小，却隐含了智慧和大美。几扇纸屏和纸窗把庭院遮蔽至剩下 1/3 的风景，这就是在日本传统建筑中常见"框景"——目的是使人与对象之间保持距离；把 3/2 的庭园景观在客人意识中留白，以达至禅道中追求幽玄美的精神层次。

↑ **町家里温润的庭院**

　　卵石组成的行人道上长满青苔，承载了数百年历史的石灯笼，竹筒有潺潺流水，画面充满禅意。枯山水庭园文化，考究的日式茶道、花道，精致的日本料理，精心布置的房间，就连静静地放在房间一角的绘画，都可能是价值连城的艺术作品，町家就像日本女子传统的温柔细腻，需要静下心来慢慢细品。

　　典雅细腻、境界悠远的东瀛美学就是这样，在生活的点点滴滴和不经意的细节中涵育而生。

茶庭中的乾坤

一、茶室的渊源

日本最早的茶室出现在室町时代（1336—1573 年），最初是茶农为了对茶叶进行评级而举行品茶会，后来发展成为许多人品尝茶叶的娱乐活动，并出现了最初的茶道礼仪。室町幕府的第三代将军足利义满对斗茶进行了提炼，为向宗教性质的书院茶过渡准备了条件。第八代将军足利义政在他隐居的京都东山建造了同仁斋，地面用榻榻米铺满。这种全室铺满榻榻米的建筑设计为后世所借鉴，形成了各式各样的"茶室"。此前的斗茶会在较大的空间举行，显得喧闹而不注重礼仪；而同仁斋将开放式的、不固定的空间进行了缩小和封闭，给茶道的形成创造了稳定的室内空间。这种房间称为书院式建筑，在其中进行的茶会就称为书院茶。书院茶要求茶室绝对肃静，主客问答简明扼要，从而一扫斗茶的杂乱之风。书院茶完成了将外来的大唐文化与日本文化相结合的任务。

被后人称为"草庵风"的茶室建筑是由千利休（日本茶道鼻祖）所创造的。因其外形与日本农家的草庵相似，

↑ 榻榻米茶室

↑ "草庵风"的茶室建筑

且只使用土、砂、木、竹、麦秸等材料，外表也不加装饰而又有"茅屋"和"空之屋"等称呼。茶室由茶室本身、水屋、门廊以及连接门廊和茶道的雨道（露地）构成。茶室的标准面积为四叠（即四张）半榻榻米。小茶室因比大茶室更多地体现了简洁、静寂的风格，所以后来成为茶室的正宗。日本茶室的代表——由千利休设计建造的"待庵"即只有两叠半榻榻米。他所建的茶室，表面上是田园式和山村式的，但其内容却是城市性、文化性，甚至可以说是文学性的，其本质依然不脱离茶文化进入日本时奢华的意涵。日本茶人千宗室对此是如此描述的："尽管是孤寂简朴的设置，一成为茶室，就让人产生了比任何金殿玉楼更有尊严的佛道佛行的道场般的认识。"

二、茶室建筑的意趣

茶室建筑的审美情趣不仅表达了当时的审美追求，也对后世日本建筑的发展有着极其深远的影响。

1.体验过程之美

20世纪60年代以来的建筑思想的发展，在讨论建筑形式美与艺术效果时，人们越来越倾向于人在建筑中的体验、感受。这种现象和

→ 妙喜庵
  茶室

趋势反映出今天建筑活动对人及人的生活需求，不仅包括物质方面，更有情感、审美等精神方面的需求，而这正是建筑走向审美过程的真正起点。审美活动的本质是主体以全面的感觉去面对世界，因此，建筑的物质内容和精神内容是不可分的。

古代茶室建筑通过自身形式的规划与设计，强调了人对建筑参与和体验的审美活动过程，将茶道的精神体现于作为审美主体的使用者进入建筑后因建筑形式产生的各种行为当中。

以下按茶道正式茶会的行为顺序中由外界进入茶室过程中的仪式进行说明。

由外界进入露地。露地，即茶庭，是源自茶道文化的一种园林形式。千宗旦（千利休的孙子）《茶禅同一味》里，曾把露地定义为："脱离一切烦恼，显露真如实相之故，谓之露地。"细腻而幽静的园林，以拙朴的步石象征崎岖的山间石径，以地上的矮松寓指茂盛的森林，以沧桑厚重的石灯笼来营造和、寂、清、幽的茶道氛围。进入露地之后必须换上草履的仪式，毫无疑问地以一个独立于外界尘世的空间的形象给进入者强烈的心理暗示，成为与外界中断联系，进入禅寂境界的第一步。

入口一般设置有蹲踞式的洗手钵，让人不禁联想到清冽的山泉。

进入露地，客人洗手、漱口、清洁自身的过程即有洗去世间之尘的意味；同时，在规定严格的仪式之中沉淀思绪，进入一种与茶"不移"的性格暗合的气定神闲之中。

穿过庭院，踏过精巧布置的踏脚石，内外两部分露地之间的中门，是思绪进一步超脱的界限。

在进入茶室前，必须经过非跪行不能进入的小人口即茶室入口。茶室入口高约 73 厘米，宽约 70 厘米。这样的尺度使人进入之前，必须膝行，以身体力行的方式体验禅的无我和谦卑，培养一种宠辱不惊的气度。

茶室庭院的布置和建筑的构造，与参与其中人的行为合而为一，并促进了人在其中体验活动的形成，将复杂的茶道精神蕴含在主体审美活动过程中，让人充分体验建筑的过程之美。

2. 自然变化之美

茶室的自然之美，较为突出地表现在一种对变化的追求。这种趋向，来源于禅宗与道家"无常"的思想：一切的物质在茶道中都只能表现瞬间的美，即茶道中"一期一会"的来源；而永恒的，只有超出物质之上，才带有禅悦特色的精神情趣。

↑ 禅宗文化和日本茶室设计的融合

在建筑材料上，茶室使用木材和茅草这种极有时限的材料，着力强调"时间"和"循环"的观念，体现一种从自然中来，最后复归自然的趋势。在建筑结构上，茶室追求的是让人在极简的环境中，用自己的细微注意力，从茶室中的挂轴、插花、风炉、茶具等道具以及主人烹茶、奉茶的席位动作中，甚至是炉灰排列的纹理之中，找寻美感。此外，茶室建筑还在开窗的设计、室内挂轴以及插花的装饰，甚至茶点和器皿使用搭配上，特别留意引入自然界的时序特色。它力图引导人们从社会的利害得失中超脱出来，融入自然中去，体会季节更替带来的美感。正如清少纳言《枕草子》《四时的情趣》中描绘：春日随曙光渐白的山顶，泛紫的细云轻飘其上；夏夜的月光流萤或绵绵细雨；秋日黄昏，夕阳照耀下的倦鸟和雁阵，日落后的秋虫鸣叫；冬日的皑皑霜雪……

3. 细节精致之美

茶室建筑在精神上追求禅宗寂灭之美，结构和材料上追求删繁就简的朴实，是为表现世外的清贫，让人在物质极简的环境中，体验内心的丰富和精神力量的强大。但从之前的叙述中我们可以看出，这种清贫的表象是以更为细腻的匠心去规划设计，以数倍于宫殿寺院的

↑ 茶室装修细节

花费去建立的。它的任何一个细节背后，都有着对外形、工艺的研究和计量，对文化内涵的思考和探索以及对心理学的深入了解和熟练运用。每一处都体现着远胜于茶道礼仪的繁复和细腻。

三、茶室建筑的影响

进入近代，建筑材料和建筑技术日新月异，西方现代建筑思想广泛地影响着世界建筑的发展。日本建筑也进入现代主义时代。不过在这些具有现代主义风格的建筑中，却明显可见传统茶室建筑的风骨。

↑ 茶室内部

日本建筑师黑川纪章（日本建筑师）从佛教"空""缘"的概念阐明自己的灰空间理论。而日本建筑师安藤忠雄含而不露的清水混凝土建筑，更是将传统茶室建筑精神与现代建筑形式和材料完美地结合。尤其是光之教堂、水之教堂这样的宗教建筑，我们很容易在其中寻找到茶室建筑影响的痕迹。

其一，复杂的内部空间，只有体验才能体会其中魅力。日本佛教学者九松真一在《禅美术》中曾列出禅门艺术的七种特质：不均齐、简素、枯高、自然、幽玄、脱俗、静寂。这些要素在古代茶室建筑和安藤忠雄的建筑中都有体现。在安藤忠雄的建筑内部，流线安排虽然多样，但不会使人迷路。每一个转折点都在建筑师精心设计下变得自然而连贯。安藤忠雄说："为了获取生活的丰富，我追求一种简洁的美学，我的建筑也具有几何的简洁性，但我通过引入不同因素追求复杂性，这种混合正是人与自然存在的真实状态。"这和茶室建筑追求的体验过程之美是一致的。

↑ 古桑庵茶室

其二，自然元素的抽象运用。千利休修建海边茶室时，用种植树木的方式将面向大海的一侧全部围起来，仅在供客人漱口洗手的贮水石钵前面留出一个小缺口，让远处海浪的涌动和茶室前清水的宁静透过树木的空隙连成一片。安藤忠雄在建筑设计中不直接使用植物，而是以抽象的空间符号来表现自然。安藤的建筑引入自然的呼喊和力量，将风、雨、雪和"框景中的天空"那些取材于自然界中的不定型元素加以简化并赋予表现力。被抽象的光和天空的片段常常令人想到整个自然。就像光之教堂中，浮动在寂静黑暗之中的光十字，照明的意义被削弱了，强化的是建筑外部自然界天时的变化。人在建筑中体味着瞬息万变的光影，让人对城市之中被忽略的自然要素敏感起来。

其三，简单而含蓄的建筑形式，细腻处理的细部。混凝土之于安藤忠雄，是有近乎建造茶室的杉木一样细腻触感和情趣的材料。即使是最简单的建筑形态，也通过细部的处理使其表现出一种可以隐喻

"数寄屋"的空间本质。在他眼里，混凝土既表达内在的日本，也表现外在的日本。他这样说道："我想做的是，赋予混凝土一种更精致的表现，而不是像勒·柯布西耶作品中那种粗犷的表达。这源自我自己的感受，尽管这种精致性在今天正逐渐消失，但它在日本人对待生活的态度中幸存下来，这是与具有日本特色的美学联系在一起的。"

可以说，茶室建筑所体现和追求的美感，对现代日本建筑的发展有着深远的影响。这些对于体验、对于自然、对于细节的追求，依然存在于现代建筑中。正是这些精神的存在使日本建筑形成了自己独特的风格。

多少楼台烟雨中
——京都塔

在京都火车站下车，从北侧出站之后，正前方便出现一座非常醒目的建筑物。它颜色纯白，虽然不在海上，却建成如同灯塔一般的造型，仿佛照耀着整个京都，这便是京都塔。京都塔是京都的象征，它的形状像蜡烛一样，给人的印象是"照亮京都的灯塔"。

京都塔建于 1964 年，高 131 米。在建造京都塔时，为了不破坏京都的历史景观，设计上融进了佛教寺院中常用的蜡烛和烛台的造型。

虽然京都市本身并不临海，但京都塔却很独特地采用了灯塔的造型作为外观主题。在京都塔建成的那个时代，大部分的塔状建筑都是彩钢骨桁架结构（如巴黎的埃菲尔铁塔），但京都塔却很独特地采用

↓ 远眺京都塔

↑ 京都塔

↑ 京都塔内部展望台的售票处

了封闭式的设计，以厚度介于 12~22 毫米之间的特殊钢板制作成的圆筒熔接而成，本体高 100 米、重量约 800 吨的塔身之内完全没有受力结构。考量到日本地处地震带上，也是台风盛行的地区，因此，京都塔在设计时，使用了比一般建筑物高出一倍的安全系数，并安然度过了风速高达 50 米 / 秒的台风与阪神大地震的洗礼。

京都塔的内部共有 5 层楼板，其中 T1~T3 层（相当于整栋建筑的 11~13 楼）位于大楼的上方、塔的基底部位。其中，T1 层是售票口与电梯搭乘处，在夏季时户外的楼顶还会开设啤酒花园；T2 层为活动会场；T3 层设有观景餐厅。在塔高 100 米处，则设有 T4 与 T5 两层楼板，皆是作为瞭望室使用，可远眺大阪和奈良，总容量可达 500 人。在连接下 3 层楼板与上面 2 层楼板的塔身中，藏有共 285 阶的楼梯。

至于作为京都塔基座的京都塔大楼，则是一栋地下3层与地上9层的建筑，面积占地总2 783平方米。大楼的地下1层至地上4层被作为百货商场、美食街、银行、书店与齿科医院使用；5~9层则是京都塔饭店所属的设施与客房楼层（饭店柜台设于一楼）；地下2层为长途夜行巴士的乘车场；而在大楼地下3层处，则设有京都塔大浴场，除提供给饭店的住客使用外，也供搭乘夜车的民众放松身心。

　　白天能够眺望广阔的景色，夜里能够感受浪漫的氛围，京都的绝美景致在不同时间向人们展示着它不一样的绰约。京都塔也是京都市区中唯一能眺望到远处风景的设施。站在京都的玄关口，来感受整个京都吧！

↑ 从观景台眺望京都城区

京都国立博物馆

京都国立博物馆是于明治中叶时期建造的法式文艺复兴风格的博物馆。该馆主楼主要用于举办各种专题展览，是典型的欧洲巴洛克式建筑。

一、历史背景

京都国立博物馆珍藏着流传至今的与千年古都共呼吸的国宝，是世界公认的"宝物殿"，占地 102 623 平方米，是明治中叶时期建造的法式文艺复兴风格的博物馆。明治（1868—1912 年）初年，在欧

↓ 京都国立博物馆

化主义和"排佛弃释"的浪潮中，轻视、破坏文物之风盛行。为了保护那些神社和寺庙中的文物免遭破坏，1889 年 5 月，根据宫内省官制设立京都博物馆。

京都国立博物馆前身为帝国京都博物馆，1897 年 5 月开馆，1900 年 6 月，改称京都帝室博物馆。1924 年 2 月，由帝室下赐京都市。1952 年 4 月，根据日本《文物保护法修正案》，改名为京都国立博物馆，隶属文部省文化厅。2001 年又改制为独立行政法人。

京都国立博物馆以千年之都京都为据点，推展文化财产的展示、保存、研究的工作，已成为一般民众认识文化财产的文化设施，今后期望能有更多的人加以利用。

该馆主楼占地 50 377 平方米，主要陈列场地有旧馆和新馆。新馆陈列日本及中国和朝鲜的考古、陶瓷、雕塑、绘画、书法、染织、漆器、金器等，旧馆常举办国际展览和特别展览。

京都国立博物馆的馆藏品年代偏重于 11—14 世纪。以日本古代美术作品为中心，分成考古、石器、陶器、绘画、书法、生活用具与

↑ 京都国立博物馆正门

刀剑等不同主题的展示室。此外，还收藏了亚洲古代工艺美术品共88 800 多件，其中包括普贤菩萨像、松林图屏风、《平治物语绘词》和白氏诗卷等 87 件国宝。

二、印象派与明治风格的混搭

具有 100 年历史的京都国立博物馆，其建筑物本身就是文物。作为该博物馆象征的主楼是由宫内省内匠寮工程师片山东熊设计的，他曾主持设计了东京迎宾馆。主楼为红砖、青铜屋顶的印象派风格融合明治风格的西式建筑，正门、卖票处、袖屏同时被指定为重要的文物，目前主要举办特别展、共同主办展等。

主楼红砖白柱的造型，屋顶的部分又融合了佛教与和风的建筑风味，是极为特殊的"和洋"折中式建筑。主楼主要用于举办各种专题展览，是典型的欧洲巴洛克式建筑，而在正门上方雕刻了佛教世界中掌管美术工艺的神佛像，主楼前广场有大大的喷水池，整个画面就像是画家笔下的画面般耀眼。

躲在京都国立博物馆后面的庭院里，有一间小小的日式茶室"堪庵"。古朴到近乎简陋的小木屋，简单朴实的内部陈设，面对一个用石头假山借景的山水庭院，坐在屋檐下望着院子，红叶与金黄的银杏衬着翠绿的柏，风吹过的瞬间，落下交杂着金色与红色的雨。

↑ 堪庵

京都音乐厅

京都音乐厅是京都市为迎接 1994 年平安建都 1200 年而兴建的文化设施，占地面积 9 990 平方米，建筑面积 22 442 平方米，地下 2 层，地上 5 层。

京都音乐厅由建筑师矶崎新设计。矶崎新的建筑作品常常给人一种"躁动"的感觉，带有冲击性的起伏的体量、各种夺目的几何形、厚重的石材、鲜明的色彩等，但 1995 年落成的京都音乐厅则没有这种感觉，而把"躁动"和"不安"裹藏在了"谦逊平和"之中。这其实意味着矶崎新设计姿态的转变，这种转变在其后的作品中更加明确地表达出来。

↓ 音乐厅

与京都城市结构中潜在的三根轴线即正北、亥（西北偏北）、磁北这一外在的秩序相应，设计师为京都音乐厅配置了长方体、圆筒形和立方体格子的几何状体量，其功能分别与大音乐厅、小音乐厅和观众厅相对应。圆筒形的小音乐厅和长方体"鞋盒状"的大音乐厅通过立方体格子的观众厅和自由曲面的乐室连接为一个整体。建筑主入口的设计考虑到与将来临街文化设施群的总体规划相适应，设在建筑北侧退后城市干道的地方，来馆者需通过长长的甬道到达主入口。外墙向内倾斜的圆筒形内，包含着下部的门厅和上部六边形小音乐厅。小音乐厅含 514 个座位，壁柱向外倾斜，于圆筒外壁间的空间设计了螺旋攀升的坡道，由此可直达观众厅。

↑ 大音乐厅

考虑到京都特定的城市环境，建筑外观以深银灰色为基调，同时强调造型的水平感和尺度感，与环境相适应，但又有着崭新的创意和独特的存在感。鞋盒状大音乐厅有 1 839 个座位，音响设计经过了十分周密的计算和推敲，实际演奏的音质效果得到了专家高度评价。

↑ 京都音乐厅圆形大厅

　　进入圆形大厅，12根圆柱矗立四周，每个柱头有一块动物图饰，螺旋的坡道环绕出敞亮的中庭，安静时能听得见空调出风口的咝咝声。

　　中庭地面铺装充满后现代立体感，在空间中心又嵌入一块圆形铜质星盘，散发出神秘气质。

　　随着坡道向上，踏着纯净的铺装，摸着纯净的墙面，头上洒下纯净的光线，端详着一张张音乐家的脸，准备好用安静的心去聆听。

附：京都历史建筑位置、年代及建筑特点一览表

名称	建造年代	位置	交通	建筑特点
清水寺	778 年	京都东部音羽山	在 JR 京都站转乘市营巴士 206 系统约 10 分钟，在清水道站下车，徒步约 10 分钟即可到达	清水寺为栋梁结构式寺院。正殿宽 19 米，进深 16 米。大殿前为悬空的"舞台"，由 139 根高数十米的大圆木支撑。寺院建筑气势宏伟，结构巧妙，未用一根钉子
龙安寺	1450 年	京都市右京区	乘搭京都市营公车、京都公车、JR 公车可在"龙安寺前"下车。从京福电铁龙安寺站下车徒步只需 7 分就可到达	在无一树一草的庭园内，经过巧妙的构思，通过块石的排列组合，白砂的铺陈，加上苔藓的点缀，抽象化为海、岛、林，达到一种"空寂"的情趣
三十三间堂	1254 年	京都市东山区七条	乘坐京阪电车在七条站下车，步行约 3 分钟；或市营巴士博物馆三十三间堂前站	堂进深 17 米，南北长 120 米，是日本最长的殿堂。堂内有柱子 34 根，将殿堂隔成 33 间
金阁寺	1397 年	京都市北区金阁寺町	乘 12 路、59 路等多路公车到金阁寺前站	金阁寺是一座紧邻镜湖池池畔的 3 层楼阁状建筑：一楼是延续了当初藤原时代样貌的"法水院"的贵族建筑，二楼是镰仓时期的"潮音洞"（一种武家造，意指武士建筑风格），三楼则为中国（唐朝）风格的"究竟顶"（属禅宗佛殿建筑）。寺顶有宝塔状的结构，顶端有只象征吉祥的金凤凰装饰
银阁寺	1482 年	京都市左京区银阁寺町 2	JR 京都站转乘市营巴士 17 系统 25 分钟，在银阁寺道站下车	寺内的庭院，具有"东山文化"的独特风格
寂光院	594 年	京都，左京区大原草生町	京都车站大原线；市营 17 路转市营 4 路	由环游式庭园的正面的任何位置均可观赏到三层瀑布的精彩水景
西本愿寺	1272 年	京都市下京区堀川通花屋町下ル本愿寺门前町 60 番地	巴士 9 路、28 路、75 路直达	反映了绚烂豪华的桃山时代的艺术风格。寺内安置有开山始祖亲鸾圣人坐像。唐门、白书院、黑书院、日本最古老的能舞台等是日本国宝级建筑物，还有枯山水样式的虎溪庭院
南禅寺	1291 年	京都市左京区南禅寺福地町	乘坐京都市地铁东西线在蹴上站下车，1 号出口出后徒步到达	拥有的"三门"，是京都最美的三道门之一，指的是佛法修行悟道的三座门——空门、无相门、无作门 "虎渡子"的枯山水，是日本江户初期枯山水庭院的代表作
大德寺	1325 年	京都市北区紫野大德寺町	洛巴士 101 路，102 路	大仙院、养源院、瑞峰院和高桐院四个寺院散布在其间。其中，大仙院的庭院是江户初期枯山水庭园的代表作，景致优雅
京都御所	794 年	京都市上京区	地铁乌丸线今出川站下车后徒步到达	紫宸殿是日本皇宫主建筑群中的主要建筑。它宽大雄伟，肃穆端庄。殿前是宽广的庭院，被称为"南庭"

名称	建造年代	位置	交通	建筑特点
二条城	1603 年	京都市中京区二条通堀川西入二条城町	由京都站前往二条城可在京都站前搭乘市营 9 路，乘坐 10 站到二条城前站，下车即至或在京都站搭乘乌丸线至乌丸御池站，换乘东西线至二条城站，出站即至	由石墙和护城河环绕，在城内建有附属建筑。本丸御殿和二之丸御殿为二条城的主要建筑，处于二条城空间的构图中心。二之丸庭院为一回游式水庭院，水面曲回，泉流清澈。水池沿岸布置有湖石水庭之中建有三座小岛，并在水池的中央布置了三段式的叠瀑。庭院风格相对粗放，具有一定的力量感
平安神宫	1895 年	京都市左京区冈崎西天王町 97	搭乘地铁东西线至东山站下车，再步行约 10 分钟可到	神庙代表建筑，正殿的背面一带是面积约为 3 万平方米的广阔庭院，是以 4 个池塘为中正将各个时代的庭院样式融为一体的明治时代建筑风格"池泉回游式"的代表作
八坂神社	656 年	京都市东山区只园町北侧 625 番地	JR 奈良线到东福寺，转京阪本线，在祇园四条下车	八坂神社的正中，便可见到造型宏观的正殿。这一祇园造建筑样式的正殿是日本独特的神社建筑
松尾大社	701 年	京都市西京区岚山宫町 3	JR 京都站乘岚山大觉寺方向巴士到松尾大社前下车；JR 京都站乘苔寺方向京都巴士至松尾大社前下车	庭园出自日本现代庭园大师重森三玲之手，有盘座庭（上古）、曲水庭（平安）跟蓬莱庭（镰仓）3 座庭园
城南宫	1200 年	京都市伏见区中岛鸟羽离宫町 7	地铁乌丸线竹田站下车或近铁京都线竹田站下车或市巴士城南宫东口下车	其庭园乐水苑较为著名，由春之山、平安、室町、桃山、城南离宫时代各具特点的庭园组成，也是源氏物语花之庭
上贺茂神社	678 年	京都市北区上贺茂本山 339 号	京都市营巴士上贺茂神社前站下车	正面三间，侧面两间的长方形构造。体现了古代日本房子的风格
伏见稻荷大社	8 世纪	稻荷山的山麓	从京都乘坐 JR 奈良线的第二站	最著名的是神社主殿后面密集的朱红色"千本鸟居"，是京都最具代表性的景观之一
下鸭神社	8 世纪	京都左京区下鸭泉川町 59	市营巴士下鸭神社前站或京阪电铁出町柳站	平安时代（794—1192 年）以前最古老的神社之一，2 栋本殿和 53 栋则是重要文化财产
北野天满宫	947 年	京都市上京区	岚电北野白梅町站下车徒步即可	本殿结构宏阔，气象堂皇
京都塔	1964 年	京都车站前	地铁乌丸线京都站，JR 电车京都站，市公车京都站	京都塔没有采用钢骨架方式，而是改采钢铁环堆积方式建成
国立博物馆	1897 年	京都市东山区七条	乘坐 206 路、208 路公交到三十三间堂车站下车	红砖白柱的造型，屋顶的部分又融合了佛教与和风的建筑风味，是极为特殊的"和洋"折中式建筑
京都音乐厅	1995 年	京都市左京区下鸭半木町 1-26	地铁乌丸线北山站	采取鞋形设计，造型奇特

参考文献

[1] 表克枝.中日宫殿建筑造型审美比较研究——以紫禁城与京都御所为例[J].古建园林技术，2004（4）：38-41.

[2] 陈庆胜.日本京都的金阁寺[J].地理教学，2007（4）：25，52.

[3] 陈中慧.京都访古记[J].大众考古，2015（1）：81-87.

[4] 《广西城镇建设》杂志社.日本古京都的历史建筑[J].广西城镇建设，2006（5）：91.

[5] 矶崎新.京都音乐厅，日本[J].世界建筑，1998（2）：58—61.

[6] 李旭.和风·京都的意匠——参观日本京都建筑有感[J].中外建筑，2001（5）：18-19.

[7] 裴煌.京都的寺院建筑[J].上海房地，2017（1）：57.

[8] 唐芃，李汉忠，李新建.京都市的传统建筑物群保存地区及相关保护政策措施解读[J].建筑与文化，2014（8）：170-175.

[9] 野村正树.京都町家再生与空间创造的艺术[J].建筑与文化，2007（10）：107.

[10] 佚名.京都城市住宅[J].世界建筑，1987（4）：8.

[11] 余干生.试论京都文化[J].日本问题研究，1994（3）：40，46-50.

[12] 张松.日本京都对历史文脉的保护[N].中国文化报，2016-05-12（8）.